「表現」がみるみる　保育ソング90

魔法の伴奏で保育力アップ

岩口摂子・高見仁志 編著

若手保育者を強力サポート!

全90曲に、イラスト付活動の展開 or 保育の一言アドバイスを収録

明治図書

はじめに

歌は，子どもの感性と表現力を育てる大切な素材です。歌によって，未知の世界に触れたり，いろいろなことを思い出したり，季節や日本の伝統を知ることもできます。歌うことは，心地よい身体活動であり，みんなで歌えばさらに楽しい気持ちになります。そして保育では，歌を入口にして，いろいろな表現活動に広がっていきます。

歌で「子どもの感性と表現力」を育てるために，子どもに歌を伝えるときも，歌やピアノ伴奏で豊かに表現したいものです。しかし保育の現場では歌がうまく歌えない，ピアノに自信がないという先生がたくさんおられます。そのことによって音楽的な活動が制限される場合も見受けられます。一方，演奏することには自信があっても，歌を保育でどのように用いていくか，アイディアが乏しいという先生もおられます。つまり子どもの感性と表現力を育てるには，音楽的な表現の技術と，歌を保育の中で使いこなすアイディアの両方が求められます。

そこで長年保育者養成に携わってきた私たちは，現場で多く歌われている歌を選び出し，使う人のピアノのレベルに応じて演奏でき，同時に保育のいろいろな表現活動に活かすことができるようなテキストをつくりたいと考えました。現場ではピアノが苦手……という先生が多く，保育者養成校でもピアノ初心者の学生さんが多いことから，全体の３分の２の曲をバイエル程度に編曲しました。初心者が弾ける伴奏の定番パターンというと，右手が歌の旋律，左手がドミソ，ドファラ，シレソのいわゆる主要三和音ですが，それだけではなく，子どもとともに，伴奏を弾く人の音楽の世界をも広げてもらえるよう，親しみのある旋律を使いながらも，さまざまな性格の曲に変化させました。歌う際の声の出し方についてもコラムのページで詳しく解説しています。

そして，すべての曲に，保育の表現活動へのアイディアやヒントを載せました。各季節と，いろいろな歌から選んだ計21曲については，ピアノのレベルを問わず，明日の保育に実践していただけるよう，簡単な伴奏に編曲し，イラストを交えながら詳しく保育の展開方法を紹介しました。たくさんの保育実践集が出版されている中で，歌と造形活動をコラボしたあそびを多く提案している点は，本書の大きな特徴となっています。楽しいあそびのアイディアの中にも，子どもの発達の視点を感じ取っていかれるならば，さらに発想が広がり，使用される方なりの応用・展開も可能となるでしょう。

本書を，幼稚園や保育所の指導計画を立てられるときや，保育者養成課程の音楽実技や保育内容「表現」の授業の中で使っていただき，どんどん歌と保育実践のレパートリーを広げていってください！

2012年３月

編著者・編曲者一同

これであなたもあこがれの弾き歌いをマスター！

●はじめは歌だけでも OK！ レベルに応じた伴奏法を紹介

ピアノが弾けていないのに無理をして弾いても，子どもは歌えませんし，音楽としても成立しません。そんなときは，歌うだけで構いません。歌えたら右手を，右手が弾けたらコードの根音を一緒に，根音だけで物足りないなら三和音を入れて，三和音が入ったらリズムで変化をつけて，そして楽譜どおりにと，ピアノの段階に応じて，子どもたちにおろしていきましょう。

またコードネームを利用すると，中級以上のレベルの曲も弾ける可能性があります。（コードネームは初心者のためにふっています。基本的にメジャー，マイナーの三和音と属七和音に限定していますので，楽譜の音どおりのコードネームになっていない箇所があります。）

●上達の早道！ 楽に弾ける「指使い」を丁寧に記載

初心者用の曲では，右手は必ず歌の旋律を弾くようになっています。表情豊かに歌おうと思えば，右手が歌をリードしていかなければなりません。そのことにより，音の方向性とフレーズのまとまりを意識しながら右手を歌わせることを，自然に学ぶことができます。歌の旋律は声域と重なるので，狭い音域の中で，指くぐり，指越え，指広げ，指寄せ，指の置き換えなどを効率的に学べる教材になります。要所要所にふられた指番号を守っていくと，自然にそれらのテクニックが身につくしかけです。ただし，それぞれ人の手のくせも考慮し，あえて番号をふってないところもありますので，自分なりの指使いを楽譜に書き足してから練習を始めましょう。左手の伴奏の中にも，いろいろな和音パターンやオクターブの跳躍など，バイエルで学習する要素が満載です。各曲の「伴奏のポイント」も参考にしてください。

●弾き歌いの知識や技術もレベルアップ！ すぐに使えるミニ情報が満載

本書のコラムは弾き歌いに関する情報が満載。ピアノに自信がない人でも，これなら弾ける！というコード伴奏法や，身体活動のときのピアノの使い方について解説しています。ピアノ伴奏とともに大切な声の出し方，生活発表会で行うミュージカルのつくり方や，生活の歌や明治の物語風唱歌も紹介し，実用的な内容になっています。

CONTENTS

はじめに　2

これであなたもあこがれの弾き歌いをマスター！　3

春

	曲　名（難易度）	作詞	作曲	編曲	ページ
1	おはながわらった（★）	保富庚午	湯山昭	SARA の会	8
2	せんせいとおともだち（★）	吉岡治	越部信義	SARA の会	10
3	バスごっこ（★）	香山美子	湯山昭	SARA の会	12
4	動物園へいこう（★）	Tom Paxton 海野洋司（日本語詞）	Tom Paxton	SARA の会	14
5	はじめの一歩（★）	新沢としひこ	中川ひろたか	SARA の会	18
6	春が来た（★）	高野辰之	岡野貞一	SARA の会	20
7	チューリップ（★）	近藤宮子	井上武士	SARA の会	21
8	ちょうちょう（★）	作詞者不詳	ドイツ曲	SARA の会	22
9	めだかのがっこう（★★）	茶木滋	中田喜直		23
10	こいのぼり（★）	近藤宮子	作曲者不詳	SARA の会	24
11	ありさんのおはなし（★）	都築益世	渡辺茂	SARA の会	25
12	ことりのうた（★★）	与田準一	芥川也寸志		26
13	おかあさん（★★）	田中ナナ	中田喜直		27

初夏

	曲　名（難易度）	作詞	作曲	編曲	ページ
14	かたつむり（★）	文部省唱歌		SARA の会	30
15	はをみがきましょう（★）	則武昭彦	則武昭彦	SARA の会	32
16	トマト（★）	荘司武	大中恩	SARA の会	34
17	にじ（★★）	新沢としひこ	中川ひろたか	SARA の会	36
18	大きな古時計（★）	H. ワーク 保富庚午（訳詞）	H. ワーク	SARA の会	38
19	あめふりくまのこ（★★）	鶴見正夫	湯山昭		40
20	とけいのうた（★★）	筒井敬介	村上太朗		42
21	たなばたさま（★）	権藤花代・林柳波	下総皖一	SARA の会	43
22	おほしさま（★★）	都築益世	團伊玖磨		44
23	しゃぼんだま（★）	野口雨情	中山晋平	SARA の会	45

夏

	曲　名（難易度）	作詞	作曲	編曲	ページ
24	おばけなんてないさ（★）	まきみのり	峯陽	SARA の会	48
25	とんでったバナナ（★）	片岡輝	桜井順	SARA の会	52
26	やまびこごっこ（★★）	おうちやすゆき	若月明人	SARA の会	54
27	キャンプだホイ（★）	マイク真木	マイク真木	SARA の会	56
28	なみとかいがら（★）	まど・みちお	中田喜直	SARA の会	57
29	アイスクリームのうた（★★）	佐藤義美	服部公一		58
30	みずあそび（★）	東くめ	滝廉太郎	SARA の会	61
31	南の島のハメハメハ大王（★）	伊藤アキラ	森田公一	SARA の会	62
32	バナナのおやこ（★）	関和男	福田和禾子	SARA の会	64

秋

	曲　名（難易度）	作詞	作曲	編曲	ページ
33	とんぼのめがね（★）	額賀誠志	平井康三郎	SARA の会	68
34	どんぐりころころ（★）	青木存義	梁田貞	SARA の会	70
35	まっかな秋（★）	薩摩忠	小林秀雄	SARA の会	72
36	きのこ（★）	芸術教育研究所リズムの会		SARA の会	74
37	つき（★）	文部省唱歌		SARA の会	77
38	虫の声（★）	文部省唱歌		SARA の会	78
39	こぎつね（★）	勝承夫	ドイツ民謡	SARA の会	79
40	夕やけこやけ（★）	中村雨紅	草川信	SARA の会	80
41	はたけのポルカ（★）	峯陽	ポーランド民謡	SARA の会	81
42	うんどうかい（★）	三越左千夫	木原靖	SARA の会	82
43	こおろぎ（★★）	関根栄一	芥川也寸志		83
44	たきび（★）	巽聖歌	渡辺茂	SARA の会	84
45	もみじ（★★）	教育音楽協会			85
46	みのりのあき（★）	新沢としひこ	中川ひろたか	SARA の会	86

冬

	曲　名（難易度）	作詞	作曲	編曲	ページ
47	コンコンクシャンのうた（★）	香山美子	湯山昭	SARAの会	90
48	あわてんぼうのサンタクロース（★）	吉岡治	小林亜星	SARAの会	94
49	ゆき（★）	文部省唱歌		SARAの会	96
50	赤鬼と青鬼のタンゴ（★）	加藤直	福田和禾子	SARAの会	98
51	ジングルベル（★）	宮沢章二	J.S.ピアポント	SARAの会	101
52	お正月（★）	東くめ	滝廉太郎	SARAの会	102
53	ひいらぎかざろう（★★）	松崎功	ウェールズ・キャロル	SARAの会	103
54	ゆきのこぼうず（★）	村山寿子	外国曲	SARAの会	104
55	まめまき（★）	えほん唱歌		SARAの会	105
56	おにのパンツ（★）	作詞者不詳	L.Denza	SARAの会	106

早春

	曲　名（難易度）	作詞	作曲	編曲	ページ
57	うれしいひなまつり（★）	サトウハチロー	河村光陽	SARAの会	110
58	ドキドキドン！いちねんせい（★）	伊藤アキラ	桜井順	SARAの会	112
59	いちねんせいになったら（★★）	まど・みちお	山本直純		115
60	おもいでのアルバム（★）	増子とし	本多鉄麿	SARAの会	116
61	さよならぼくたちのほいくえん（★★）	新沢としひこ	島筒英夫	SARAの会	118

column

❶ 弾き歌いが素敵に大変身する魔法の「コード」　17

❷ コードを使った伴奏法 その1
メロディーなしでコードになれよう！　28

❸ 歌い声がグッと魅力的になるコツ　46

❹ コードを使った伴奏法 その2
メロディーと根音だけで超簡単弾き歌いをマスター　67

❺ 保育場面で大活躍する“生活のうた”コレクション　88

❻ 歌で広がる昔話の世界　108

❼ 歌詞の力は無限大！　121

❽ 「きらきら星」が七変化！
身体表現の伴奏法　142

❾ ミュージカル＆オペレッタをつくろう！　179

その他

	曲 名（難易度）	作詞	作曲	編曲	ページ
62	森のくまさん（★）	馬場祥弘	アメリカ民謡	SARA の会	122
63	ふしぎなポケット（★）	まど・みちお	渡辺茂	SARA の会	124
64	おもちゃのマーチ（★）	海野厚	小田島樹人	SARA の会	127
65	ミッキーマウスマーチ（★）	Jimmie Dodd 漣健児（日本語詞）	Jimmie Dodd	SARA の会	128
66	さんぽ（★）	中川李枝子	久石譲	SARA の会	130
67	いつも何度でも（★）	覚和歌子	木村弓	SARA の会	132
68	どんな色がすき（★）	坂田修	坂田修	SARA の会	136
69	線路はつづくよどこまでも（★）	佐木敏	アメリカ民謡	SARA の会	138
70	すうじの歌（★）	夢虹二	小谷肇	SARA の会	140
71	おおきなたいこ（★）	小林純一	中田喜直	SARA の会	141
72	おんまはみんな（★★）	中山知子	アメリカ曲	越部信義	144
73	アイアイ（★★）	相田裕美	宇野誠一郎		146
74	たのしいね（★★）	山内佳鶴子	寺島尚彦		148
75	ゆりかごの歌（★★）	北原白秋	草川信		150
76	かわいいかくれんぼ（★★）	サトウハチロー	中田喜直		151
77	カレンダーマーチ（★★）	井出隆夫	福田和禾子		152
78	おなかのへるうた（★★）	阪田寛夫	大中恩		154
79	ぞうさん（★★）	まど・みちお	團伊玖磨		155
80	いぬのおまわりさん（★★）	佐藤義美	大中恩		156
81	おもちゃのチャチャチャ（★★）	野坂昭如 吉岡治（補作）	越部信義		158
82	にんげんっていいな（★★）	山口あかり	小林亜星	SARA の会	160
83	ドロップスのうた（★★）	まど・みちお	大中恩		102
84	勇気１００％（★★）	松井五郎	馬飼野康二	SARA の会	164
85	ぼくのミックスジュース（★★）	五味太郎	渋谷毅	SARA の会	168
86	てのひらをたいように（★★）	やなせたかし	いずみたく	伊東慶樹	170
87	ホ！ホ！ホ！（★★）	伊藤アキラ	越部信義		172
88	アンパンマンのマーチ（★★）	やなせたかし	三木たかし	SARA の会	174
89	おはなしゆびさん（★★）	香山美子	湯山昭		177
90	はしるのだいすき（★★）	まど・みちお	佐藤真		178

コード表　181

参考楽譜一覧　182

執筆者一覧　183

伴奏のポイント

左手のポジション移動がないので，初心者に取り組みやすい曲です。前奏３小節目などに出てくる，右手，レからシと５→４で下降するところ，正確に指を広げましょう。

難易度
★★

おはながわらった

保富　庚午　作詞
湯山　昭　作曲
SARAの会　編曲

たのしく、きれいに ♩=80
G
mf
1. 2. お は な が わ らっ た
p
mp
C G C G
お は な が わ らっ た お は な が わ らっ た お は な が わ らっ た
C G
み ー ん な わ らっ た
1. い ち ど に わ らっ た
2. げ ん き に わ らっ た
mf

おはながわらった　保富庚午 作詞／湯山昭 作曲／SARAの会 編曲

保育で役立つ！活動場面&ポイント

保育の始まりなど，気分を整理するときのあそびとして楽しみましょう。

やってみよう！

保育者がカラー軍手を手にして，歌いながら子どもたちの前で演じます。閉じた手のひらから順に指の花が咲いていく，歌に合わせて咲くことによりお花が笑い，子どもたちも笑う，笑顔が楽しい手あそびです。

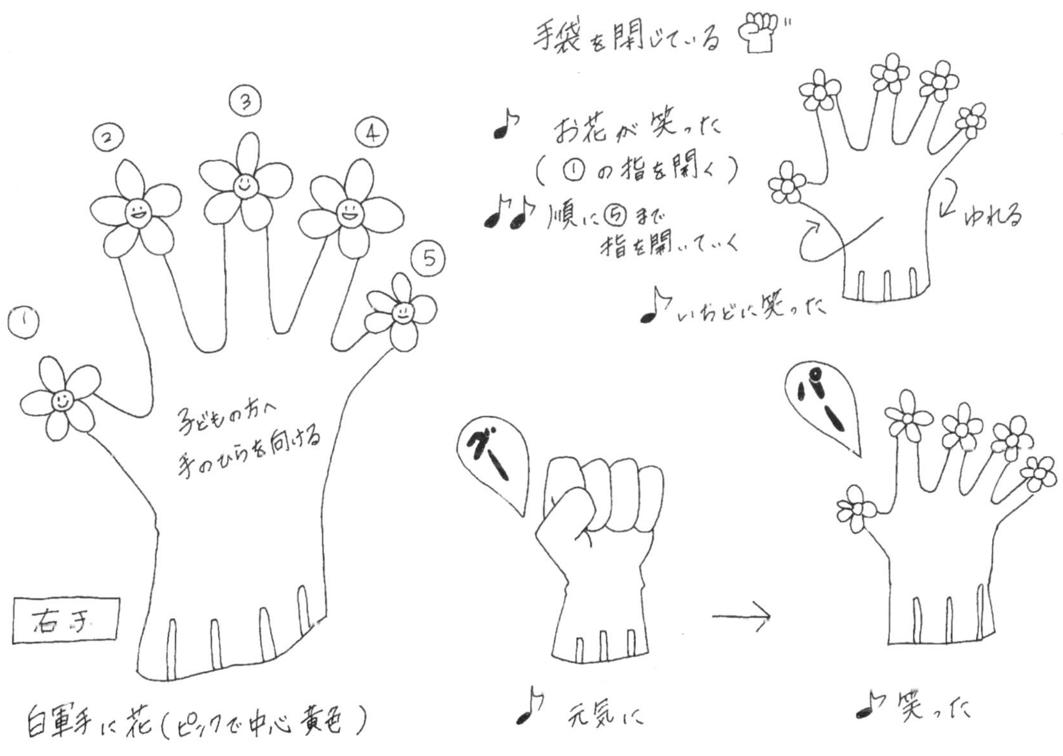

チャレンジ！
年長組が，フェルトの花を貼った子ども用のカラー軍手での手あそびを担当して，年少組のお歌と合わせれば，かわいい発表の場になります。

伴奏のポイント

前奏1小節目や最後から2小節目に出てくる左手でソラシ，と3連符で弾くところは，弾かずに4分休符にかえても構いません。元気よく，速めのテンポをキープして弾きましょう。

難易度
★★

せんせいとおともだち

吉岡　治　作詞
越部　信義　作曲
SARAの会　編曲

せんせいとおともだち

吉岡治 作詞／越部信義 作曲／SARA の会 編曲

保育で役立つ！活動場面＆ポイント

新学期のクラスづくりに役立つあそびです。先生と子どもたち，子どもたち同士，保護者の方たちみんなが曲に合わせて楽しめます。

やってみよう！

曲に合わせて歩いて，歌詞どおりの動作をします。「♪握手をしよう」の部分を，「♪ウインクしよう」「♪拍手をしよう」など，いろいろな動作に変化させると，声も出て，友達づくりが広がります。

チャレンジ！

「♪せんせいとおともだち」の「先生」のところを他の言葉に入れ替えて，変化させてみましょう。動物，虫，怪獣など，友達になりたいものをいろいろ想像させてあそんでみましょう。

伴奏のポイント

右手の指使いを守ると，旋律がつながります。左手の親指が重くならないように弾くと，全体の音のバランスもとれます。

難易度 ★★

バスごっこ

香山　美子　作詞
湯山　昭　作曲
SARAの会　編曲

たのしく ゆかいに ♩=138
F
1.おおがたバスに のってます
2.おおがたバスに のってます
3.おおがたバスに のってます
C F C
きっぷをじゅんに わたしてね
いろんなとこが みえるので
だんだんみちが わるいので
C F C
おとなりへ ハイ おとなりへ ハイ おとなりへ ハイ
よこむいた ア うえむいた ア したむいた ア
ごっつんこ ドン ごっつんこ ドン ごっつんこ ドン
F Gm F
おとなりへ ハイ おわりのひとは
うしろむいた ア うしろのひとは
ごっつんこ ドン おしくらまんじゅう

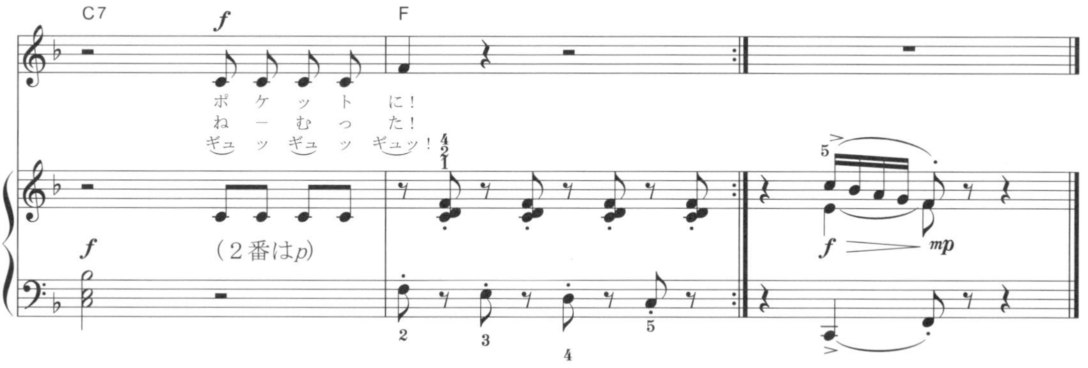

バスごっこ

香山美子 作詞／湯山昭 作曲／SARA の会 編曲

保育で役立つ！活動場面＆ポイント

遠足に出かける前など，バスに乗ったつもりになって楽しめるあそびです。子どもたちは車の情報をたくさん知っています。聞いてみてからはじめましょう。

やってみよう！

丸い輪（フープ）をハンドルに見立てて，一人ひとりが運転手になって歌いながらバスを走らせます。歌詞に合わせて動作も楽しめ，行き先などをアナウンスすると盛り上がります。ただし安全運転を守って……。

チャレンジ！

集団あそびのルールが守れるようになったクラスでは，ダンボールでバスをつくって，二人一組くらいのバスを走らせましょう。ピアノの速度に変化をつけることによって，バスのスピードを変えると盛り上がります。曲を止めて「のせて，のせて！」「はい，どうぞ」とお客さんを乗せるとあそびが広がります。

帽子や切符など，つもりになれるものがあると，より楽しくなります。

伴奏のポイント

右手の旋律で同音連打が続くところ，指を替えながら弾きましょう。左手の伴奏パターンでは親指に重心がかからないように，軽く弾きましょう。

難易度 ★★

動物園へいこう

Tom Paxton 作詞・作曲
海野　洋司　日本語詞
SARAの会　編曲

たのしく 𝅗𝅥=72
Zoo! Zoo! Zoo! Zoo! Zoo! Zoo!
G D7
1. どうぶつえんへいこうよみんなでいこうよ
2. ぞうのハナはながいぞブラブラゆれるぞ
3. あかいおしりみつけたキョロキョロおサルだ
4. どんーとさいたはなびだくじゃくのはねだよ
5. パンダがいるぞこっちだキリンもいるぞあーちだ
6. たのしいけどそろそろおひさましずむぞ
7. あしたもいくぞみんなでいこうよいこうよ
G Am D G
1. どうぶつえんはZooってんださあいこうさあもうすぐ
2. エンピツみたいなおひげはオットセイなんでもいる
3. くろいくまはノッソリあくびするなんでもいる
4. ハナだけみえるワーニのせんすいかんなんでもいる
5. カバトラライオンヘビワシペンギンめがまわるなんでもいる
6. もうねむいよおうちへかえろうかおやどうした
7. パパもママもすきなんだどうぶつえんなんでもいる

C G
1. Zoo Zoo Zoo きみも You You You おいで
2. Zoo Zoo Zoo ぞうは ゾー ゾー ゾー おハナ
3. Zoo Zoo Zoo サルは キャッ キャッ キャッ くまは
4. Zoo Zoo Zoo くじゃく クエー クエー クエー ワニは
5. Zoo Zoo Zoo きみは フゥラ フゥラ フラ おなか
6. スー スー スー みんな コッ クリ コ きょうは
7. Zoo Zoo Zoo パパと You You You ママと
D G C G 1.2.3.4.5.6.
1. Go Go Go そら きたきた Zoo Zoo Zoo
2. ブン ブン ブン さあ ごらんよ Zoo Zoo Zoo
3. Uoo Uoo Uoo ほら ゆかいな Zoo Zoo Zoo
4. Mm Mm Mm さあ ごらんよ Zoo Zoo Zoo
5. グー グー グー ほら まだまだ Zoo Zoo Zoo
6. いち にち じゅう くた びれたよ Zoo Zoo Zoo
7. Go Go Go さあ いこうよ Zoo Zoo Zoo
7.
G
Zoo
f

動物園へいこう　Tom Paxton 作詞・作曲／海野洋司 日本語詞／SARAの会 編曲

保育で役立つ！活動場面＆ポイント

動物園の遠足に行く前に，どんな動物に会えるのか，期待を持たせましょう。行く前に，子どもたちの知っている動物の写真や絵本など，動物に関する資料があれば興味は高まります。

やってみよう！

自分たちの動物園を描きましょう。

キリングループ，ぞうグループ，くまグループ，さるグループ，〇〇グループなどをつくり，紙に絵の具やパスなどでそれぞれの動物の絵を描きます。それらを貼り合わせて，通路，門，標識，えさ台，あそび場など描き加え，動物園にします。

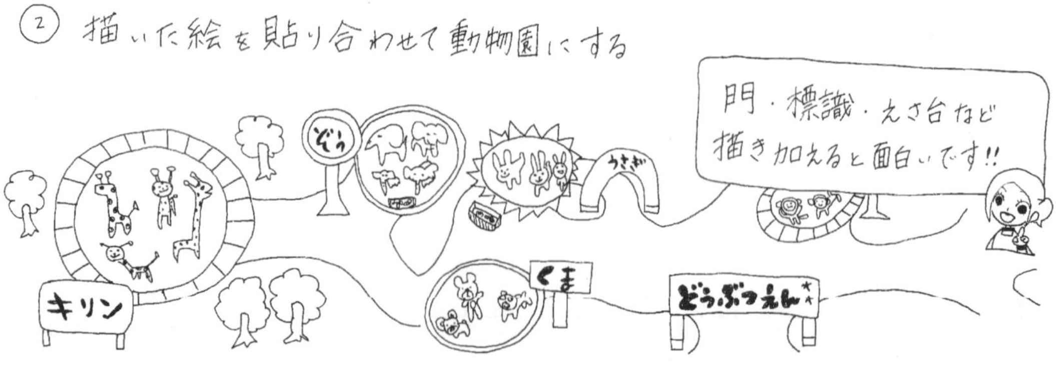

column 1

弾き歌いが素敵に大変身する魔法の「コード」

保育者の素敵なピアノの弾き歌い……。一緒に歌う子どもたちの笑顔……。

保育に関わる人なら，こんな場面にきっとあこがれることでしょう。でも私は，こうも思います。

「ピアノを弾かないで，無伴奏で歌うこともとても大切」。

「ピアノ伴奏なしで歌う方が，保育者の生の声がしっかり伝わることもある」。

「楽譜にかじりついて，子どもそっちのけで弾く伴奏って，冷たく響く……」。

そうです。無理に弾き歌いなどしなくても，無伴奏でも音楽的な保育はできるのです。このことを今一度，しっかりと心に刻んでおいてほしいのです。

それでも，「やっぱり弾き歌いがしたい」「子どもの歌だけでなく，J-pop やジャズっぽいおしゃれな感じでも弾いてみたい」「簡単なのに，すごくうまくきこえる弾き方をおぼえたい」などと思っていらっしゃる方も，多いのではないでしょうか。そして，「毎日忙しいので，短い期間でマスターできるような方法を紹介してほしい」と，感じていらっしゃるのではないでしょうか。

そこでご紹介するのが，「コードを使った伴奏法」です。この伴奏法を一度おぼえてしまうと，さまざまな曲が簡単に弾き歌いできて，多くのバリエーションで演奏することもできるのです。

コードには，それぞれ名前がついていて，コード・ネームと呼ばれます。コード・ネームは，おぼえてしまえばとても便利なものです。

練習の前にちょっとトライ！【譜例１】をどんなにゆっくりでもいいので弾いてみましょう。一度にたくさんの音を弾けない人は，音を省いてもかまいません。どんな指使いでもかまいません。とにかく，音を出してみましょう。

【譜例１】

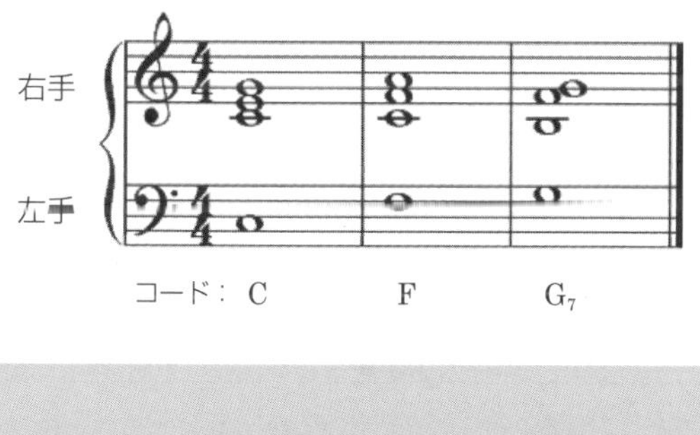

もっと学びたい方は
下の①～⑥について調べてみよう

① メジャーコード
② 和音の原型と転回
③ セブンスコード
④ 第五音（5th）等の省略
⑤ 根音（左手の音）→ p.67参照
⑥ マイナーコード

左から C，F，G_7というコードです。これを弾くだけで，なんだか歌いたくなるような響きを感じることでしょう。そうです。ギターを「ポロン，ポロン」と弾きながら歌うあの感じを，ピアノでも同じように味わえるのです。

コード・ネームをおぼえてしまうと，本当に便利です。弾きながら子どもに向き合えます。いろんなジャンルの音楽に応用もできます。

次のコラムでは，そんなにも便利な「コードを使った伴奏法」をご紹介します。

伴奏のポイント

子どもが歌に乗りやすくするためには，左手が鍵。左手はポップスによく出てくるベースラインとリズムが使われています。このパターンを身につけていると，グッとレパートリーが広がりますよ。

難易度
★★

はじめの一歩

新沢　としひこ　作詞
中川　ひろたか　作曲
ＳＡＲＡの会　編曲

えりを正して ♩=104
C G Am F G C7 F G C Em Am
1.ちいさなとりが うたっているよ ぼくらーにー あさが
2.しんじることを わすれちゃいけない かならーずー あさは
D G C G Am F G C7
おとずれた よーとー きのうとちがう あさひがのぼる
おとずれる かーらー ぼくらのゆめを なくしちゃいけない
F G C Em Am Dm G C F G C
かわのーなーがれも かがやいてーいる
きっとーいーつかは かなーうはずだよ
はじめのいっぽ あした

F G C F G C Em Am F G
にいっぽ　きょうから　なーにもかもが　あたらーし
C F G C F G C
い　はじめの　いっぽ　あしたに　いっぽ
ゆうき
うまれ
F G C Em Am F G C
を　もっておおきく
か　わっておおきく
いっぽあるきだせ
1.
2.

保育で役立つ！
一言アドバイス

保育修了式によく歌われます。歌詞をかみしめて心から語りかけるようにしましょう。「♪はじめの一歩」の箇所は動作をつけて歌うと臨場感があります。

伴奏のポイント

左手は右手を引き立たせる名脇役。たっぷり歌うように弾きましょう。歌と左手の組み合わせで練習すると，より左手の歌が意識できるようになります。指くぐり，指越えがスムーズにいくように練習しましょう。

難易度
★★

春が来た

高野　辰之　作詞
岡野　貞一　作曲
SARAの会　編曲

なめらかに ♩=112
C G C F C G C
1. はるがきた　はるがきた　どこにきた　やまにきた　さとにきた　のにもきた
2. はながさく　はながさく　どこにさく　やまにさく　さとにさく　のにもさく
3. とりがなく　とりがなく　どこでなく　やまでなく　さとでなく　のでもなく
cresc.

保育で役立つ！一言アドバイス

「♪春が来た」「♪花が咲く」「♪鳥が鳴く」のように歌詞が続くので，間違えないようにしましょう。春の訪れを喜ぶ歌です。保育室にも春の花が生けてあったり，春の壁面飾りなどの環境設定がされていると，雰囲気が出ることでしょう。

伴奏のポイント

４小節のフレーズのまとまりが感じられるように，右手で弾くフレーズの最後の音が重くならないように弾きましょう。両手とも８分音符で動くところ，ずれないようにしましょう。

難易度
★★

チューリップ

近藤　宮子　作詞
井上　武士　作曲
SARAの会　編曲

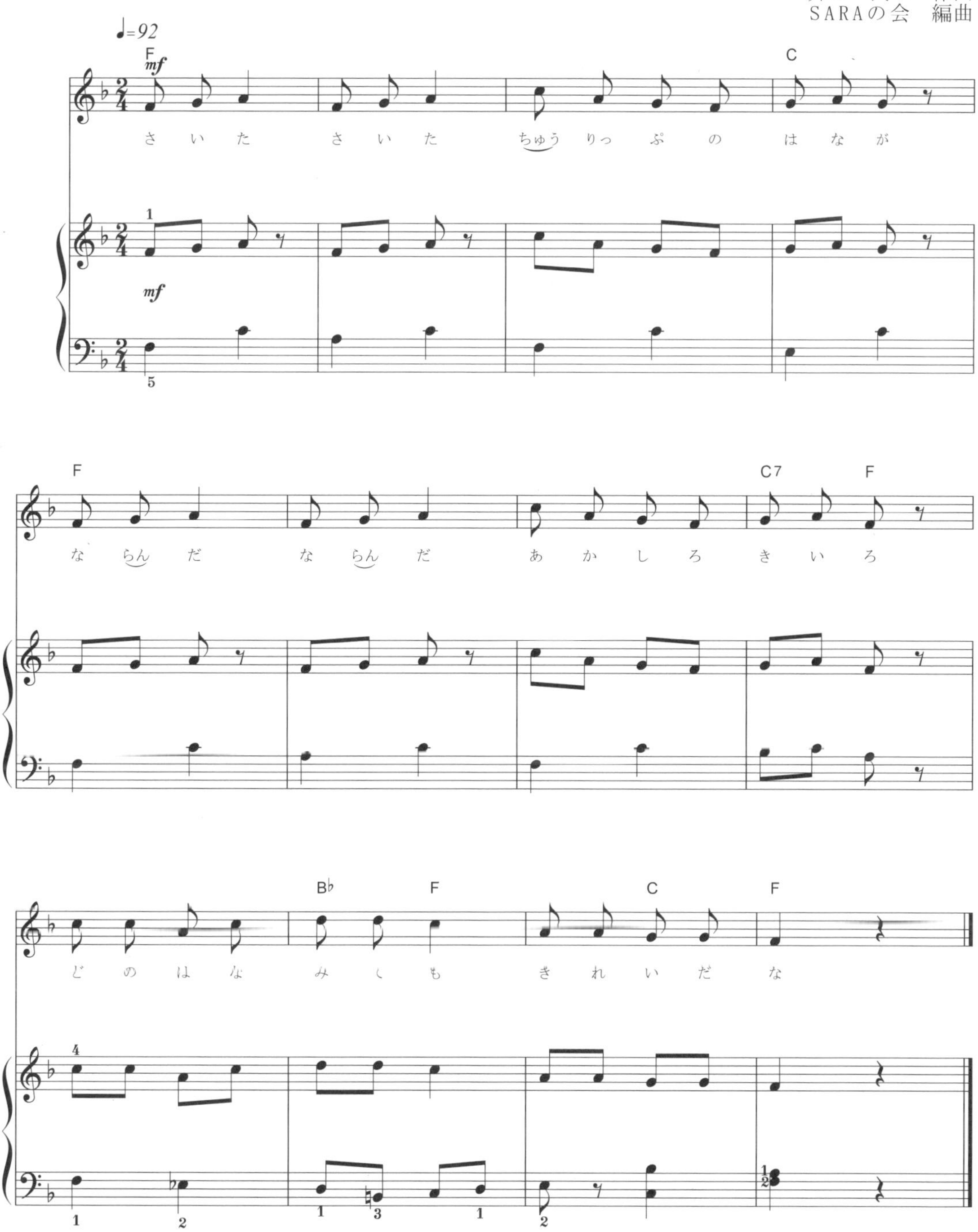

♩=92
mf
F
C
さ い た さ い た ちゅう りっ ぷ の は な が
F
C7
な らん だ な らん だ あ か し ろ き い ろ
B♭
ど の は な み て も き れ い だ な

保育で役立つ！一言アドバイス

両手でチューリップのお花をつくり，左，右に動かしながら歌いましょう。小さなおててのチューリップを，保育者はかわいいねと認めてあげましょう。

伴奏のポイント

スイスのちょうをイメージしてアレンジしました。「♪さくらのはなの」から，左手の動きがちょうの舞いを表現しています。できるだけ軽く，なめらかに弾きましょう。

難易度 ★★

ちょうちょう

作詞者不詳
ドイツ曲
SARAの会 編曲

♩=84
C G7 C
mf
ちょ う ちょう ちょ う ちょう な の は に と ま れ な の は に
G7 C G
mp
あ い た ら さ く ら に と ま れ さ く ら の は な の
C G C
mf
は な か ら は な へ と ま れ よ あ そ べ あ そ べ よ と ま れ

保育で役立つ！一言アドバイス

手づくりのちょうを持って，ちょうになったつもりで歌いましょう。ストローに画用紙をつけると簡単にちょうがつくれます。画用紙にペンで色を塗ると，きれいな羽のちょうになります。

伴奏のポイント

右手は音を保留しながら，旋律を弾くところが出てきます。この難所は保留している指の力を抜くことによって，弾きやすくなります。リフレインのところは，強弱を対照的につけましょう。

難易度
★★

めだかのがっこう

茶木　滋　作詞
中田　喜直　作曲

明るく、げんきに、美しく ♩=108
D A D G D G Bm G D A D
mp (2，3番はmf)
1.めだかのがっこうは かわのなか そっとのぞいてみてごらん そっとのぞいてみてごらん みんなでおゆうぎしているよ
2.めだかのがっこうの めだかたち だれがせいとかせんせいか だれがせいとかせんせいか みんなでげんきにあそんでる
3.めだかのがっこうは うれしそう みずにながれてつーいつい みずにながれてつーいつい みんながそろってつーいつい
rit.

保育で役立つ！一言アドバイス

「♪そっとのぞいて　みてごらん」の繰り返しのところは，身体でそれぞれの表現をしながら歌いましょう。春の自然の，ほのぼのとした情景を歌っています。

伴奏のポイント

歌も伴奏も発想記号は *mf* のみになっていますが，各フレーズの中で音域がどうなっているのか見ていくと，自然に強弱がつけられます。速く高く音程があがるところは，大きめのクレッシェンド，ゆっくりと音程があがるところは，徐々にクレッシェンド，いきなり高く始まる３段目は大きめに入って…という感じです。

難易度 ★★

10 春

こいのぼり

近藤　宮子　作詞
作　曲　者　不　詳
SARAの会　編曲

保育で役立つ！一言アドバイス

園庭に，みんなでこいのぼりを揚げながら歌いましょう。自分たちでつくったこいのぼりを持って，こいのぼりの遠足をしながら歌うのも楽しいでしょう。

伴奏のポイント

ありの動作を表現している装飾音，左手は，重くならないように弾きましょう。３拍子の拍子感が出るよう，１拍目に少し重みをつけて。

難易度 ★★

ありさんのおはなし

都築　益世　作詞
渡辺　茂　作曲
SARAの会　編曲

たのしそうに ♩=132
mf
F C F
mf
1.あ り さん の お は な し き い た か ね ち い さ な こ え だ が
2.あ り さん の お は な し き い た か ね な い しょ の こ え だ が
C F Dm C F
き こ え た よ お い し い お か し を み つ け た よ
き こ え た よ お お き な も も の み み つ け た よ
C7 F C7 F
と な り の お う ち の お に わ だ よ
み ん な で な か よ く た べ に こ い

保育で役立つ！一言アドバイス

前奏，間奏共に楽しいリズムです。ありさんになって，小さな声，大きな声と抑揚をつけて歌うと，ありさんがお話ししているようですね。

伴奏のポイント

小鳥の声，軽くかわいく弾きましょう。２段目で左手は跳躍して和音をつかみにいきますが，第５指が連続しないように弾いた方が，より短距離で跳ぶことができます。

難易度

★★

ことりのうた

与田　準一　作詞
芥川　也寸志　作曲

♩=104
D　Bm　F♯m　G　D
1.ことりはとっても　うたがすき　かあさんよぶのも
2.ことりはとっても　うたがすき　とうさんよぶのも
E　A　D　G
うたでよぶ　ぴぴぴぴぴ　ちちちちち
うたでよぶ　ぴぴぴぴぴ　ちちちちち
A7　D
ぴちくりぴい
ぴちくりぴい

保育で役立つ！一言アドバイス

前奏部分は水笛を使うと効果的です。小鳥の鳴き声「♪ぴぴぴぴぴ」は，階名で歌ったり楽器演奏などもしてみましょう。

伴奏のポイント

スラーやスタッカートが細かくついていて，言葉の語りがそのまま音に表されています。右手は歌うように表情をつけて弾きましょう。

難易度
★★

13

春

おかあさん

田中　ナナ　作詞
中田　喜直　作曲

♩=92くらい
(子)
D
mp
(母)
Bm
1.おかあさん　なあに
2.おかあさん　なあに
(子)
F♯m
Em
(母)
A
Bm
Em
おかあさんって　いいにおい　せんたくしていた　においでしょ
おかあさんって　いいにおい　おりょうりしていた　においでしょ
(母と子)
D
Bm
Em
A
Bm
しゃぼんのあわの　においでしょ
たまごやきーの　においでしょ
1.
2.

保育で役立つ！一言アドバイス

冒頭は，「♪おかあさん！」と子どもが呼びかけ，保育者が「♪なあに？」と歌うなど，歌詞を分けて歌うこともできます。保育参観日など，保護者に協力してもらうとよいでしょう。

column 2

コードを使った伴奏法 その１

メロディーなしでコードになれよう！

１．ハ長調で大切な３つのコードをおぼえよう

p.17【譜例１】の CFG_7が，ハ長調で大切な３つのコードです。４分の４拍子になっていますが，最初は適当な長さで音をのばして，C → F → G_7 の順にコードを弾いてみましょう。なれてきたら，C → G_7→ F，G_7 → C → F 等，バラバラの順で弾いてみましょう。とにかくコードが手になじむまで弾いてみましょう。それができるようになったら，４拍のばして次のコードへ，また４拍のばして次のコードへというように，一定の長さでコードチェンジする練習をしてみましょう。

２．「さんぽ」（中川季枝子 作詞／久石譲 作曲）の冒頭部を弾き歌いしてみよう

C
G7
C
G7
Voice
あ る こう あ る こう わ た し は げ ん き
Piano
F
C
F
G7
C
Voice
あ る く の ー だ い す き ど ん ど ん い こ う
Pno.

① 上のピアノ伴奏が弾けるように練習しましょう。音符が記入されていない小節は，コード・ネームを頼りに弾いてみましょう。最終的には，大譜表（Piano 譜）を見ないで弾けるようになりましょう。

② 「まずピアノが弾ける」→「次に歌をのせる」という順で練習しましょう。

③ この伴奏法では，メロディー（Voice の部分）をピアノで弾きません。メロディーを提示しているのは歌のみです。ですから正確に歌う力が要求されます。弾くだけでなく歌うことにも意識を向けて練習しましょう。

3.「さんぽ」の続きを弾き歌いしてみよう

Fm C Fm C
さ か み ち ー　ト ン ネ ル ー　く さ っ ぱ ら
Am Em F D7 G7
い っ ぽ ん ば し に ー　で こ ぼ こ じゃ り み ち
C Em F G7 C
く も の す く ぐ っ て ー　く だ り み ち

上の楽譜にピアノ伴奏譜は付いていません。p.181のコード表を参考にして自分で考えて，コードを全音符，または２分音符で弾いてみてください。

4．伴奏パターンを工夫してみよう

全音符でコードが弾けるようになったら，右のような弾き方にも挑戦してみましょう。

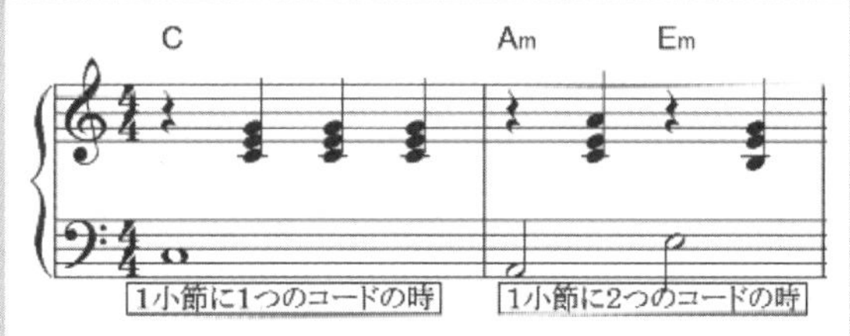
C
Am Em
1小節に1つのコードの時
1小節に2つのコードの時

5．さんぽ以外の曲で下の伴奏型も試してみよう（Cコードの例）

＊この他にもいろいろ試してみましょう。

コードを使った弾き歌いがうまくなる７つのコツ！

① 歌い出しの音をしっかりとれるように練習する！
② 「歌声：ピアノ＝７：３」くらいの音量になるイメージで演奏する。
③ 暗譜する！（コード進行を頭にたたき込む）
④ 重なった音（和音）をリズム弾きすることが多いので，音楽の流れや音のエネルギーを理解して演奏する（特に右手をドタバタと弾かないように）。
⑤ 子どもをしっかりみて演奏する（ピアノの横に子どもを集める。真後ろなどとんでもない）。
⑥ 先生の表情を大切に（p.46-47コラム３参照）。
⑦ 演奏が終わったとき，余韻を残す（余韻に浸れる子どもを育てる）。

伴奏のポイント

この曲で，同じ音で指の置き換えをして旋律をつないでいく発想を身につけてください。「♪おまえのあたまは」のところ，リズムがずれないように気をつけましょう。

難易度 ★★

かたつむり

文部省唱歌

SARAの会　編曲

かたつむり

文部省唱歌／SARAの会 編曲

保育で役立つ！ 活動場面＆ポイント

かたつむりが「でんでんむし」と呼ばれているところが楽しいですね。形，動き，生活の様子などについて，子どもたちと話し合って表現あそびに発展させましょう。

やってみよう！

床面を使った表現あそびは，先生のピアノの曲想や合図により，かたつむりのイメージをさまざまな身体表現に発展させましょう。かたつむりの遠足やかたつむりレストランなど，いろいろな小動物との出会いで，あそびが広がります。

チャレンジ！

途中で雨が降ったり，晴れたりの気象変化や，ちょう，青虫，かえるなどの表現あそびと組み合わせると，さらに楽しめます。

伴奏のポイント

左手の親指がほとんどソの位置から動かない，弾きやすい曲です。「♪シュッシュッシュッ」のところは，歯ブラシの動きをイメージしながら，音の長さを正確に弾くようにしましょう。

難易度 ★★

はをみがきましょう

則武　昭彦　作詞
作曲
SARAの会　編曲

♩=96
mf
C
1.2.は を み が き ま しょう シュッ シュッ シュッ
F C F C
ブ ラ シ の た い そ う おい ち に おい ち に
こ ろ こ ろ う が い も ほ ら ね ほ ら ね
F C G C
じょ う ぶ な は に な れ シュッ シュッ シュッ
まっ し ろ い は に な れ シュッ シュッ シュッ

はをみがきましょう

則武昭彦 作詞・作曲／SARA の会 編曲

保育で役立つ！活動場面＆ポイント

虫歯予防デーに合わせて歌われる曲です。おはしがうまく持てる年齢になると，歯ブラシを持つことができます。年齢に合った生活指導と食育に役立つ曲です。

歯はどこから生えてくるの？など，自分の身体のことにも関心を持たせて，正しい磨き方にも気づかせましょう。絵本の読み聞かせで導入しましょう。

やってみよう！

実物の歯ブラシを持って歌うのもよいでしょう。磨き方は横磨きよりも上下運動です。曲に合わせて，力を入れすぎずに歌うようにしましょう。

チャレンジ！

身体表現で，ありさんの歯磨き，かばさんの歯磨きなど，差異をつけるとおもしろいでしょう。

伴奏のポイント

トマトのおしゃれでかわいい形を表すために，おしゃれな音を使いました。響きを楽しんでください。

難易度 ★★

トマト

荘司　武　作詞
大中　恩　作曲
SARAの会　編曲

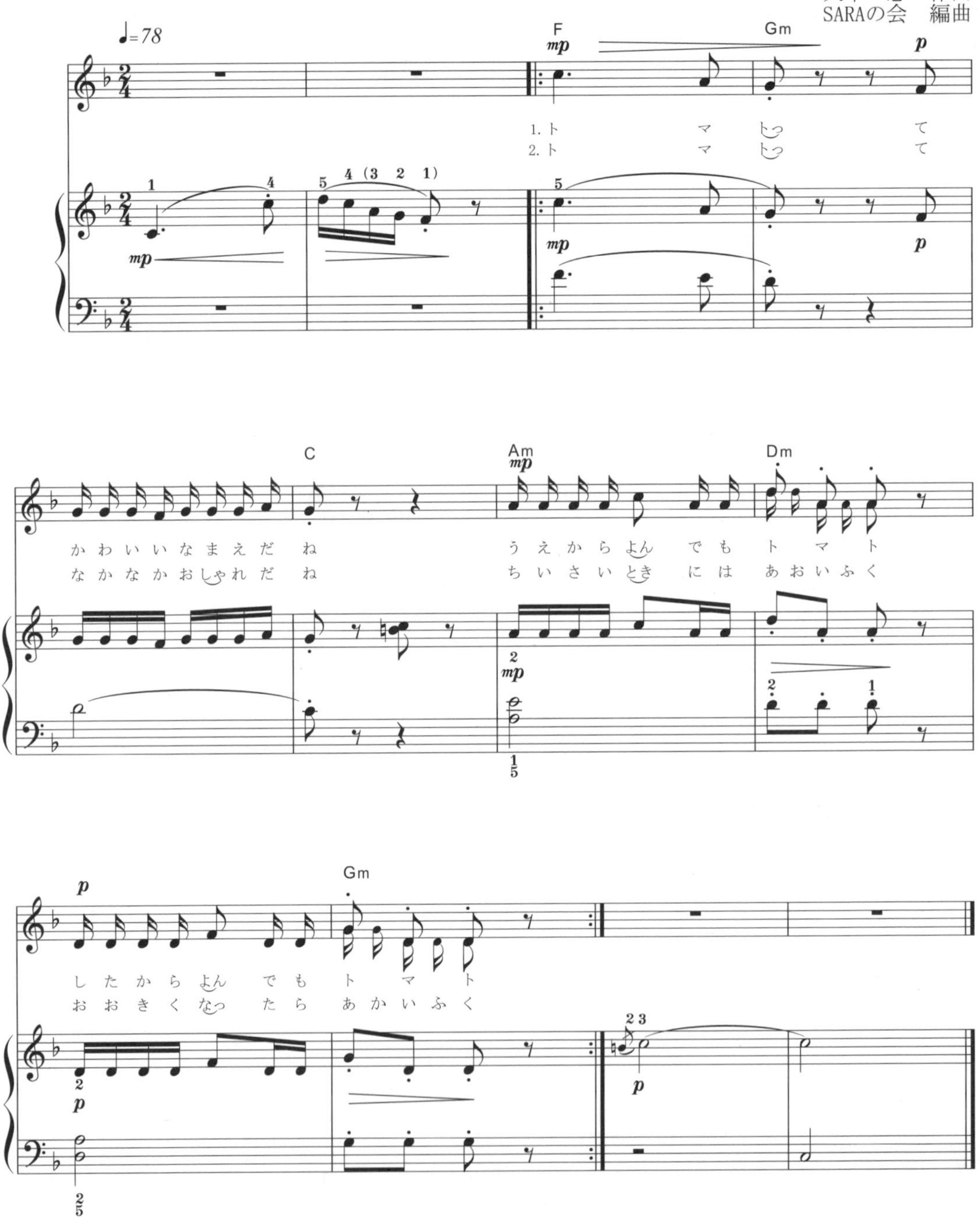
♩=78
F
Gm
1. ト マ トっ て
2. ト マ トっ て
C
Am
Dm
かわいいなまえだ ね うえからよんでも ト マ ト
なかなかおしゃれだ ね ちいさいときには あおいふく
Gm
したからよんでも ト マ ト
おおきくなったら あかいふく

トマト

荘司武 作詞／大中恩 作曲／SARAの会 編曲

保育で役立つ！活動場面＆ポイント

言葉のリズムをそのまま生かしたかわいい曲です。リズムにのって，言葉がはっきり発音できるようにしましょう。「♪かわいいなまえだね」のところは，途切れないように歌いましょう。

やってみよう！

上から読んでも，下から読んでものところがおもしろいので，類似語を探して言葉あそびをしましょう。また，自分の名前をさかさまに読むこともやってみましょう。

チャレンジ！

夏の野菜の栽培に発展させましょう。野菜の生長の様子を絵に描いたり，収穫した野菜を食することなど，食育にもつないでいきたいですね。

17

初夏

伴奏のポイント

まるで間《あい》の手のように，小節をつないでいく左手の３連符は，歌いながらもテンポがダレないように弾きましょう。「♪ラララ」から，気持ちとともに音楽も高揚させましょう。

難易度 ★★

にじ

新沢　としひこ　作詞
中川　ひろたか　作曲
ＳＡＲＡの会　編曲

やさしい気持ちで
G D Em Bm C G Am D
mp
1.にわのシャベルがー いちにちぬれてー あめがあがってー くしゃみをひとつー
2.せんたくものがー いちにちぬれてー かぜにふかれてー くしゃみをひとつー
3.あのこのえんそくー いちにちのびてー なみだかわいてー くしゃみをひとつー
G D Em Bm C G
くもがながれてー ひかりがさしてー みあげてみればー

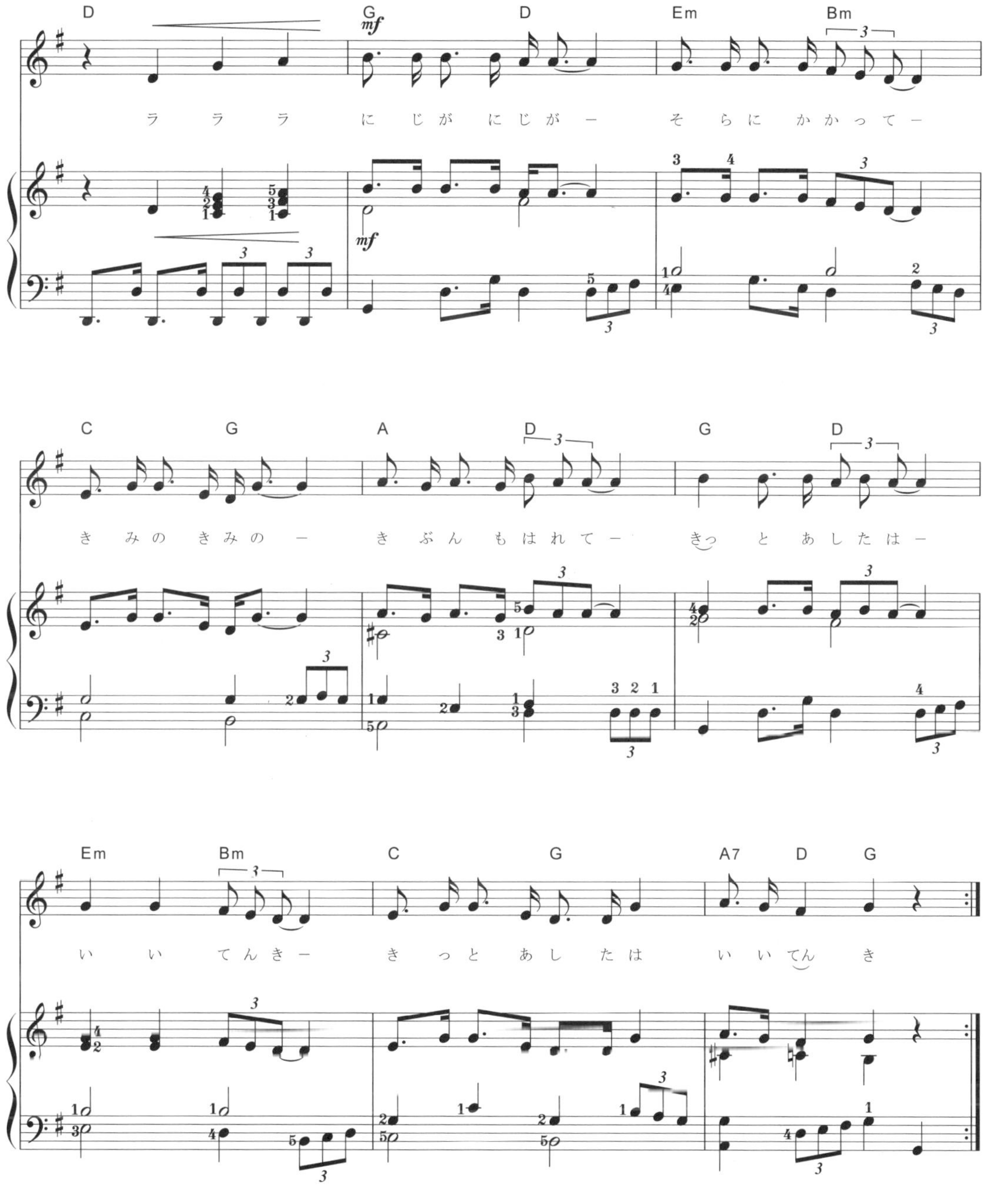
D G D Em Bm
mf
3
ラ ラ ラ にじがにじがー そらにかかってー
C G A D G D
3
きみのきみのー きぶんもはれてー きっとあしたはー
Em Bm C G A7 D G
3
いいてんきー きっとあしたは いいてんき

保育で役立つ！一言アドバイス

希望をつなぐ応援歌として，保育修了式でもよく歌われます。手話を取り入れて「♪きっとあしたはいいてんき」のフレーズを演出してみましょう。

伴奏のポイント

みんなが大好きな歌です。あちこちに使われている時計の振子の音を見つけてください。歌詞が物語になっているので，しみじみと演奏しましょう。

難易度
★★

大きな古時計

保富　庚午　訳詞
H.　ワーク　作詞
作曲
SARAの会　編曲

♩=120
mf
mp
1
G D G Am G D G
mf
1.お　お き な のっ ぽ の　ふ る ど け い お じ　い さ ん の と け　い　ー　ひゃ く
ん で も しっ て る　ふ る ど け い お じ　い さ ん の と け　い　ー　き れ
3.ま　よ な か に ベ ル　が ー な っ た お じ　い さ ん の と け　い　ー　お わ
dim.
D G Am G D G
ねん い つ も う ご　い て い た ご じ　ま ん の と け い　さ　ー　お じ
い な は な よ め　やっ て き た そ の　ひ も う ご い て　た　ー　う れ
か れ の と き が　き た の を み な　に お し え た の　さ　ー　て ん
dim.
Em Am D G Em A7 D
p
い さ ん の う ま　れ た あ さ に か っ　て き た と け い　さ
しい こ と も か な　し い こ と も み な　しっ て る と け い　さ　い
ご く へ の ぼ る　お じ い さ ん と け　い と も お わ か　れ
p

G D G Am G D7 G
mf
まはもう うごかない そのとけい ひゃく
C G C
ねんやすまずに ちくたく ちくたく おじいさんといっしょに
G D G Am G D7
cresc. mf dim.
ちくたく ちくたく いまはもう うごかない そのとけ
1 2.
G G
p mf p
い ー 2.ない い
Coda
G
い
pp
D.S.

保育で役立つ！一言アドバイス

実物の古い時計があれば，イメージを引き出す参考にしましょう。「♪チクタク　チクタク」の箇所は，ウッドブロックやカスタネットでリズム打ちをすると効果的でしょう。

伴奏のポイント

左手のフレーズも大事にまとまりが感じられるように弾きましょう。旋律は語りのとおり，表情豊かに弾きましょう。

難易度
★★

あめふりくまのこ

鶴見　正夫　作詞
湯山　昭　作曲

やさしくはなしかけるように ♩=108
mp
dolce
mf
D
G
Em
A7
D
1. おやまにあーめがふりました　あとからあとからふってきて
2. いたずらくまのこかけてきて　そうっとのぞいてみてました
3. なんにもいないとくまのこは　おみずをひとくちのみました
4. それでもどこかにいるようで　もいちどのぞいてみてました
5. なかなかやまないあめでした　かさでもかぶっていましょうと

保育で役立つ！一言アドバイス

保育者がペープサートなどで「あめふりくまのこ」のお話を演じてみましょう。ストーリーが分かれば，曲にそって優しく話しかけるように歌いましょう。

20

初夏

伴奏のポイント

時計の擬音を表現するために，スタッカート，アクセント，レガートなどメリハリをつけて弾きましょう。

難易度
★★

とけいのうた

筒井　敬介　作詞
村上　太朗　作曲

中ぐらいの速さで
D G D
1.コ チ コ チ カッ チン
2.コ チ コ チ カッ チン
G A D G D A D
お と け い さん コ チ コ チ カッ チン う ご い て る
お と け い さん コ チ コ チ カッ チン う ご い て る
A D
こ ど も の は り と お と な の は り と
こ ど も が ピョ コ リ お と な が ピョ コ リ
G D G D A D
こ ん に ち は さ よう な ら コ チ コ チ カッ チン さ よう な ら
こ ん に ち は さ よう な ら コ チ コ チ カッ チン さ よう な ら

保育で役立つ！一言アドバイス

「♪こどものはりと　おとなのはりと」「♪こんにちは　さようなら」は，針の大小，立つ，座る，おじぎをするなどの身体表現を交互にしながら歌いましょう。

伴奏のポイント

ポジション移動の少ない曲です。指使いさえ守れば，うまく旋律がつながります。4小節のフレーズのまとまりが感じられるように，フレーズの終わり方に意識を向けましょう。

難易度 ★★

たなばたさま

権藤　花代
林　柳波　作詞
下総　皖一　作曲
SARAの会　編曲

♩=126
F
1. さ さ の は さ ら さ ら
2. ご し き の た ん ざ く
G7 C
の き ば に ゆ れ る
わ た し が か い た
F B♭
お ほ し さ ま き ら き ら
お ほ し さ ま き ら き ら
F C F
き ん ぎ ん す な ご
そ ら か ら み て る

保育で役立つ！一言アドバイス

七夕祭りの集会のときに全員で歌いましょう。歌詞の言葉の説明が必要でしょう。“のきば”は，どこにあるのでしょうか。ゆったりとした大空の星の世界にも関心を持たせたい曲です。

伴奏のポイント

細かく強弱が指示されている曲です。表情豊かに演奏しましょう。*sempre legato* とは“常になめらかに”という意味ですが，ペダルを適宜使うとよいでしょう。

難易度
★★

おほしさま

都築　益世　作詞
團　伊玖磨　作曲

うつくしく ♩=110
poco rit.
sempre legato
F Dm C F B♭ F Gm A B♭ F G7 C7 F
1. お ほ し さ ま ぴ か り お は な し し て る ち い さ な こ え で か わ い い こ え で お は ー な し し て る
2. お ほ し さ ま ぴ か り お で ん わ し か け た あ の こ に こ こ の こ よ い こ は ど の こ お で ー ん わ し か け た

保育で役立つ！一言アドバイス

お星さまと電話でお話ししてみましょう。画用紙で折りたたみ，シールを貼って携帯電話をつくれば，電話ごっこのあそびにも広がります。

伴奏のポイント

前奏の右手は指広げ，指寄せ，指くぐりをしっかりして，なめらかに弾きましょう。左手はしゃぼん玉が飛んでいるように，軽やかに弾きましょう。

難易度 ★★

しゃぼんだま

野口　雨情　作詞
中山　晋平　作曲
SARAの会　編曲

♩=72
mf
C F C G
mp
しゃぼんだま とんだ やねまで とんだ やねまで とんで
しゃぼんだま きえた とばずに きえた うまれて すぐに
F C G C F C
mf
mp
こわれて きえた かぜかぜ ふくな しゃぼんだま
こわれて きえた
G C
とばそ

保育で役立つ！一言アドバイス

手拍子で1/1/123のリズムで打ってみましょう。歌詞に合わせて音の強弱の変化をつけて歌いましょう。しゃぼんだまの液をつくって実際にしゃぼんだまを飛ばしてみましょう。体験することからしゃぼんだまへの興味が広がることでしょう。

column 3

歌い声がぐっと魅力的になるコツ

“大きな声を出したい”“きれいな声で歌いたい”誰もが自分の声を出すときに思うことですが，声だけは“体が楽器”で，自分と違う声に交換したり買うことができない世界に一つしかない楽器です。でも，体や呼吸，声帯など，ちょっとしたことに気をつけて発声すれば，自分の声の大小，高低，きれいな声や響き，高い声も操ることができるはずです。次のことに気をつけながら，自分の声に磨きをかけていきましょう！

1．きれいな声を出そうとすること

“声”は，息の使い方や骨格，頬骨《きょうこつ》等の角度により，“きれいな声”や“響きのある声”を出すことができます。そのためには，自分の声をよく聴いてみることが必要です。口の開け方や息の流し方，息の当たる角度を変えてみたりして，自分のよい声のポイントを探してみましょう。また，録音をして自分の声を聴き直してみることも大切な作業ですね。

2．息をたくさん使おう

息をたくさん吸うことは，体の循環をよくし，健康にもよいとされています。大きな声や高い声を出すためには，より大きな息を吸って，その息を有効に使って声に連動させましょう。一般男性で500mL（ロング缶１本分），女性は350mL（レギュラー缶１本分）の息が肺の中に入るといわれています。大きく吸ってゆっくり息を吐いたり，ときには速く吐いたりして，自分の息をコントロールしてみましょう。

3．笑顔で歌おう

人は，笑顔のときに頬骨が上へあがり，鼻腔《びこう》が広がるため，声が明るくより響くようになります。暗い声より明るい声は，何より聞く人を心地よくさせてくれます。長調の曲はもちろん，短調の曲であっても，ニュアンスは暗くても声や響きはいつも明るく笑顔で歌う習慣をつけましょう。

4．目線は高く保つ

目の高さ（目線）が下を向いていると，のどが収縮されてしまい，声も遠くまで飛ばすことができません。また，悩みごとでもあるように悲しい表情に見えます。声を遠くに飛ばすためには，いつもの自分の目の高さより少し高い所を見て歌うと，声が自然と遠くに届き，聴いている側の印象もよく見えます。

5．遠くに向かって声を出す

どこで歌っていても，その空間の一番遠くの場所に向かって声を出してみましょう。その会場の一番遠くの人に声を聞かせる意識を持つと，息がたくさん使われ自然と声量も増えます。山に登って「ヤッホーッ！」と叫ぶときや，25m プールの端から端に話をするときには，知らぬ間に両手を口に当てて声を遠くに飛ばそうとします。歌うときにもその動作は有効なので，実際に発声練習のときにも手を使って声を出してみましょう。

6．声を前に出そうとする

生まれたての赤ちゃんの声は力みがなく，よくとおる声だと言われています。しかし大人になると，自分では声が出ているつもりでも，さまざまな障壁が声のとおりをさまたげ，声がこもってしまいます。力みを取り，下あごは力まず，上あごを上に拡げ（熊やトラがほえるときの表情），声を前に出すことをイメージしましょう。

7．骨格は楽器のフレーム

「チェロの音色は男性の声に似ている」と言われています。成人男性の骨格がチェロのボディの大きさと似ていることから例えられますが，ピアノや太鼓，弦楽器などは，弦や膜などをフレームに張りその空間から音が出ています。歌もまた体の骨（骨格）がフレームになっているので，そのフレームを大きく保つには，背筋を伸ばし胸を張ることがよい響きにつながると考えられます。

8．声と息の割合は5：5

きれいな声を出すには声と息とのバランスが重要で，声ばかりを鳴らしすぎても，息ばかり吐き過ぎてもうまくいきません。個人差はありますが，声がきれいに聞こえるコツは，声と息とのバランスを5：5の割合にすることです。これにより，息漏れがなく美しい響きを出すことができます。自分の声をよく聞き「息が多すぎないか？」「声を鳴らしすぎていないか？」など，自分でよいバランスを探してみましょう。

正しい姿勢の確認

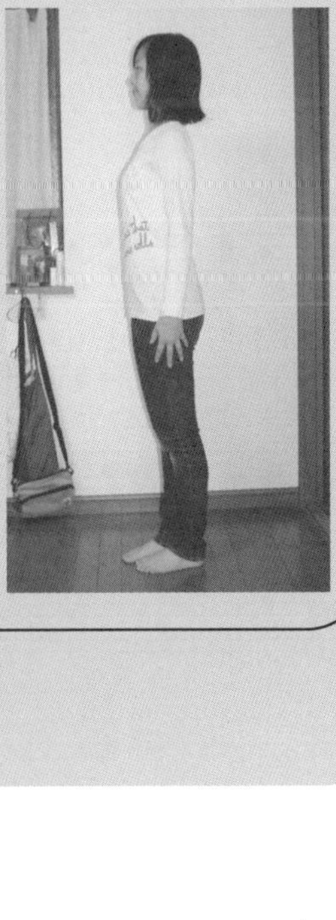

① 頭のテッペンの髪の毛が引っ張られている感じで立つ
② 目線を目の高さより高く，遠くを見ながら歌う
③ 胸を張り背筋を伸ばす
④ 息を吸ってから下腹部を内側に押し上げるように吐いていく
⑤ お尻を引き上げる（寄せて上げる）
⑥ かかとはしっかり地面を踏みしめて立つ

壁面を使った姿勢の確認方法

体の後側全体をつけることのできる壁面を利用して体の下の部位から順に壁につけていき，全部位が引っついたらそのままの姿勢で2～3歩前に出てみましょう。普段とは違ったまっすぐな自分の姿勢を確認できるはずです。

体の下の部位から	⇒	かかと→ふくらはぎ（太もも）→お尻→肩（背中）→頭	⇒	2～3歩前へ

伴奏のポイント

前奏は，足のない，ふわっとしたちょっと愛嬌のあるおばけをイメージ，スラーの終わりの音は特に軽く。おばけの存在を打ち消したいという気持ちと，おばけへの好奇心が交錯する心情が表れるよう，音の強弱をはっきりつけて弾きましょう。

難易度
★★

24

夏

おばけなんてないさ

まき　みのり作詞
峯　　陽　作曲
SARAの会　編曲

♩=92
mf
G
D
G
D
1.おばけなんてないさ　おばけなんてうそさ　ねーぼけたひとが
2.ほんとにおばけが　でてきたらどうしよう　れいぞうこにいれて
3.だけどこどもなら　ともだちになろう　あくしゅをしてから
4.おばけのともだち　つれてあるいたら　そこらじゅうのひとが
5.おばけのくにでは　おばけだらけだって　そんなはなしきいて
G
Am
p
A7
D
みちがえたのさ
かちかちにしちゃおう
おやつをたべよう
びっくりするだろう
おふろにはいろう
だけどちょっと　だけどちょっと　ぼくだってこわいな

G
D
1.2.3.4.
G
おばけなんてないさ
おばけなんてうそさ
1.2.3.4.
5.
G
おばけなんてうそさ
5.

おばけなんてないさ　　まきみのり 作詞／峯陽 作曲／SARA の会 編曲

保育で役立つ！活動場面＆ポイント

子どもの世界には，どんなおばけが登場するのでしょう。おばけは怖いけど見てみたいなど，子どものおばけに対する思いはさまざまです。一緒に考えて夢をふくらませましょう。七夕かざりの制作におばけが入るのも楽しいですね。三つ目小僧など，簡単にできます。またどんなおばけがいると楽しいか，子どもたちと話し合うのも興味を引き出します。

やってみよう！

あそび方①　子どもたちがいろいろなおばけに変身します。

あそび方②　コンテの粉でおばけを表現しましょう。

あそび方①

おばけのようちえん
だけどちょっと
ぼーくだって こわいな
頭に黒画用紙の かぶりものを つくり
そこに各々の おばけをくっつけて
出来上がり!!

あそび方②

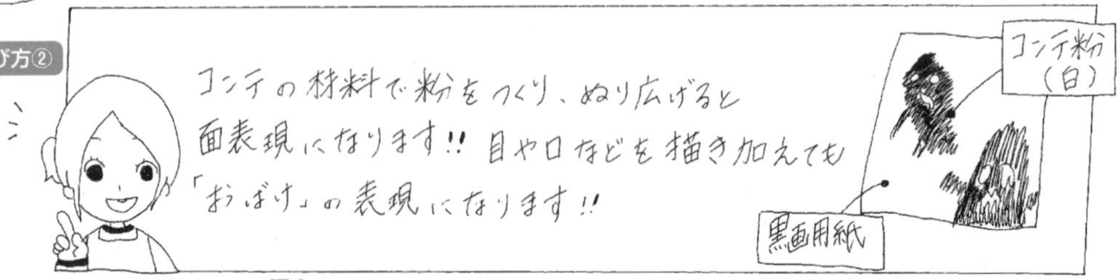
コンテの材料で粉をつくり、ぬり広げると
面表現になります!! 目や口などを描き加えても
「おばけ」の表現になります!!
コンテ粉
（白）
黒画用紙

とんでったバナナ

片岡輝 作詞／桜井順 作曲／SARA の会 編曲

保育で役立つ！活動場面＆ポイント

バナナはどこへとんでいったのでしょう。語りかけるようにお話がつづきます。

ストーリーをイメージしながら歌いましょう。歌詞に合わせた演技も楽しめる曲です。

やってみよう！

1本のバナナのペープサートを持って，歌詞に合わせて動かしながら歌ってみましょう。黄色に限らず，いろいろな色のバナナがあっても楽しいですね。

1番，2番，3番とグループごとに分かれて歌うのも楽しいですよ。

あ、青色のバナナだ!!
ふふん。
私はピンクバナナ!!
歌詞に合わせて踊ってみよう!!
テープで止める
1番組
2番組
3番組
♪バナナが1本ありましたー
♪小鳥が1羽おりましたー
グループ毎に分かれて歌うのも楽しいです!!

チャレンジ！

間奏は踊ったり，「♪バナナン　バナナン　バナァナ」のところは打楽器奏でのリズム打ちも可能。人前での発表，行事のプログラムの中にも入れられます。

伴奏のポイント

前奏３小節目では２拍目が，４拍ある拍の中心になっています。歌が始まると，ピアノの左手は２分音符で伸びていますが，見えない２拍目に重さを感じると，この曲の特徴的なリズム感が出てきます。細かいスラー，スタッカートも丁寧に弾き分けて。

難易度
★★

とんでったバナナ

片岡　輝　作詞
桜井　順　作曲
SARAの会　編曲

♩=108
C　G7　C　F　Em　D7　G
1. バナナがいっぽん ありました あおいみなみの そらのした こどもがふたり とりやっこ バナナはツルンと とんでった バナナ
2. ことりがいちわ おりました やしのこかげの すのなかで おそらをみあげた そのときに バナナがツルンと とびこんだ はね
3. きみはいったい だれなのさ ことりがバナナを つつきます これはたいへん いちだいじ バナナがツルンと にげだした たべ
4. ワニがいっぴき おりました しろいしぶきの すなはまで おどりをおどって おりますと バナナがツルンと とんできた お日
5. ワニとバナナが おどります ボンボコツルツル ボンツルリ あんまりちょうしに のりすぎて バナナはツルンと とんでった バナ
6. おふねがいっそう うかんでた おひげはやした せんちょうさん グーグーおひるね いいきもち おくちをポカンと あけてたら バナ

to Coda
C G C
ナはどこへいったかな
もないのにふんわりこ
られちゃうなんてやなこった
さまにこにこいいてんき
ナはどこへいったかな
ナがスポンととびこんだ
バナナンバナナン
G C
バナァナ
Coda
G C F C G7 C
モグモグモグモグ たべちゃった たべちゃった たべちゃった

伴奏のポイント

左手も「♪ヤッホー」「♪やまびこさん」と言っています。歌だけでなく，右手，左手もまねっこしています。聞いている人にもそれに気づいてもらえるように，弾きましょう。

難易度 ★★

26

やまびこごっこ

おうち　やすゆき　作詞
若月　明人　作曲
ＳＡＲＡの会　編曲

♩=112
C
1.やまびこさーん
やまびこさーん
まねっこさーん
まねっこさーん
ヤッ　ホー
ヤッ　ホー
パン　パン
パン　パン
A　Dm　A　Dm
ヨホホホホー
タタタタタン
ヨホホホホー
タタタタタン
G　G7　C　G7　C
エヘヘヘヘ
トトントントントン
エヘヘヘヘ
トトントントントン
まねするな
じょうずだな
まねするな
1.

夏

保育で役立つ！
一言アドバイス

グループで向かい合って返歌しながら歌うと楽しいでしょう。「♪まねするなー」「♪上手だなー」など，やまびこで返す言葉を変えても楽しく歌えます。

伴奏のポイント

最初の，16分音符の連打が弾きにくいため，テンポが遅れがちになります。弾きにくい時は，2つめの16分音符を抜いてもいいでしょう。3段目の後半から3小節間，左手は指くぐり，指寄せ，指広げが連続的に出てきます。指使いを守って練習しましょう。

難易度 ★★

キャンプだホイ

マイク　真木　作詞
作曲
ＳＡＲＡの会　編曲

♩=112
キャンプだホイキャンプだホイ　キャンプだホイホイホーイ
キャンプだホイ　キャンプだホイ　キャンプだホイホイホーイ
1.はじめてみるやま　はじめてみるかわ
2.はじめてみるとり　はじめてみるむし
3.はじめてあうひと　はじめてうたううた
はじめておよぐうみ
はじめてあそぶもり
はじめてつくるごはん
きょうからともだち　あしたもともだち
ずーっとともだちさ
さ

保育で役立つ！一言アドバイス

輪になってキャンプ場での雰囲気を楽しんで歌いましょう。「♪キャンプだホイ！」の部分は，ジェスチャーでポーズをきめます。手拍子をしながら，ゲームの合間など，プログラムのつなぎにも歌えます。

伴奏のポイント

打ち寄せる波を想像しながら，なめらかに弾きましょう。後奏は水面に光が当たってキラキラする様子をイメージしながら弾きましょう。

難易度
★★

なみとかいがら

まど・みちお 作詞
中田 喜直 作曲
SARAの会 編曲

28

♩=90
mp
C Em Am Dm
p
1.うずまきかいがら どうしてできた なみがぐるぐる
2.ももいろかいがら どうしてできた なみがきんきら
3.まんまるかいがら どうしてできた なみがまんまるい
C G7 C
うずまいてできた
ゆうやけてできた
あわたててできた

夏

保育で役立つ！一言アドバイス

夢を育てる歌です。「♪ぐるぐる　きんきら　まんまる」の箇所は，体で表現しながら歌うのも楽しいでしょう。粘土でいろいろな形の貝殻をつくって並べてみましょう。実物と比べて楽しみましょう。

伴奏のポイント

子どもの歌の中では難曲として知られた曲です。歌と右手，歌と左手と，組み合わせを変えながら練習しましょう。強弱，なめらかさと弾むところのメリハリをつけながら，左右の音のバランスをよく聞き，全体をデザインしていきましょう。

難易度

★★

アイスクリームのうた

佐藤　義美　作詞
服部　公一　作曲

少し遅めの行進曲

1. おと
2. おと
B♭ F7 B♭
ぎばなしの おうじでも むかしはとても たべられないアイ
ぎばなしの おうじょでも むかしはとても たべられないアイ
B♭ F7 Gm F7
スクリー ム アイスクリー ム ぼく
スクリー ム アイスクリー ム わた
B♭ F7 B♭
はおうじではないけれどアイスクリームをめしあがるスプ
しはおうじょではないけれどアイスクリームをめしあがるスプ

B♭
F7
ーン で すくっ て ピチャッ チャッ チャッ し た に の せ る と
ーン で すくっ て ピチャッ チャッ チャッ し た に の せ る と
B♭
G
Cm
F7
B♭
F7
ト ロ ン ト ロ の ど を おん が く た い が と お り ま
ト ロ ン ト ロ の ど を おん が く た い が と お り ま
B♭
f
C7
F
mf
す
す
ブ カ ブ カ ドン ドン つ め た い ね ル ラ
f
mf
C7
F
D7
ル ラ ル ラ あ ま い ね チ ー タ カ タッ タッ タッ

Gm
C7
f
1.
F7
おいしいね アイスクリームは たのしいね
2.
F7
mf
B♭
F7
たのしいね おとぎばなしの おうじでも むかしは とても
B♭
F
F7
cresc.
たべられない アイスクリーム アイスク
B♭
f
リーム
p

保育で役立つ！
一言アドバイス

ペープサートのアイスクリームを，ストローと紙でつくって手に持って歌いましょう。「♪ピッチャッ　チャッ　チャッ」「♪トロン　トロ」の箇所は身体表現をしながら歌いましょう。たくさんのアイスクリームができると，お店に並べてごっこあそびへと広がります。

伴奏のポイント

初心者でも弾きやすい編曲になっています。いわゆるスキップのリズム（♪♬）が，♫になってしまわないように，あとの16分音符を次の音に引っかけるように弾きましょう。しゅっしゅっという擬音をピアノでも表現しましょう。

難易度 ★★

みずあそび

東　くめ　作詞
滝　廉太郎　作曲
SARAの会　編曲

♩=104
mf
f
G D G D
みずをたくさん
くんできて
G C D
みずでっぽうで
あそびましょう
G D7 G
一 二 三 四
しゅっ しゅっ しゅっ

保育で役立つ！一言アドバイス

「♪みずをたくさん」のところは身体の前で両手で輪をつくります。手で水鉄砲をつくって「♪しゅっしゅっしゅっ」と，飛ばしながら歌いましょう。歌だけでなく，実際の水あそびの体験も大好きですね。

伴奏のポイント

両手ともポジションの動きは少ない曲ですが，左手のリズムを正確に弾くのがポイントです。スタンドバイミー風の後奏も楽しんでください。

難易度 ★★

31

夏

南の島のハメハメハ大王

伊藤　アキラ　作詞
森田　公　一　作曲
ＳＡＲＡの会　編曲

♩=128
mf
F
mf
Gm
C
1.みなみのーしまの だいおうは そのなもいだいな ハメハメハ
2.みなみのーしまの だいおうは じょおうのなまえも ハメハメハ
3.みなみのーしまの だいおうは こどものなまえも ハメハメハ
4.みなみのーしまに すむひとは だれでもなまえが ハメハメハ
F
Gm
ロマーンチックな おうさまで かぜのすべてが かれのうた
とてーもやさしい おくさんで あさひのあとで おきてきて
がっこうぎらいの こどもらで かぜがふいたら ちこくして
おぼーえやすいが ややこしい あうひとあうひと ハメハメハ

保育で役立つ！一言アドバイス

ユーモラスな王様の歌です。ハメハメハ大王になり，頭にかぶりものをつけてハメハメハのポーズをして踊りましょう。打楽器（ラテン楽器）も加えると，演奏がいっそう楽しくなります。

伴奏のポイント

早口言葉になっているところのリピートは2回になっていますが，いろんなテンポで何回も楽しむことができます。のんびり歌うところと，速さを楽しむところのメリハリを十分につけましょう。

難易度 ★★

32

夏

バナナのおやこ

関　和男 作詞
福田 和禾子 作曲
SARAの会 編曲

たのしく元気に ♩=92

C F C D G
ちいさなちいさなみなみのしまに きいろいバナナのおやこがホラネ
C G7 C G7 C
かぜにゆられて ユラユラ バナナのおやこが ユラユラ
G7 C
バナナのパパは

G7 C G7 C
パパバナナ　バナナのママは　ママバナナ　バナナのこどもは
F G C F Em G7 C
コバナナ　パパバナナ　ママバナナ　コバナナ
sf
1.2. だんだん速く
3. もとのテンポで
F A
mf
そんなバナナ　ニコニコバナナ
D G C G7 C
きいろいバナナの　おやこがホラネ　かぜにゆられて　ユラユラ

G7 C F Em
f
バナナのおやこが ユ ラユ ラ パ パ バ ナ ナ マ マ バ ナ ナ
f
G7 C
コ バ ナ ナ
sf ff
rit.

保育で役立つ！一言アドバイス

バナナを家族に見立てて，パパバナナ，ママバナナ，子バナナと分けて歌うとおもしろいです。曲に合わせて踊りも楽しみましょう。

column 4

コードを使った伴奏法
その2

メロディーと根音だけで超簡単弾き歌いをマスター

1．前奏，後奏のつけ方

前奏，後奏は，曲の最後の4小節（2小節）を使うとよいでしょう。「さんぽ」の場合，左の楽譜のようになります。右手でメロディー，左手でコードの根音を弾く伴奏を試してみましょう。**根音は特殊な例を除いて**，コード・ネームの一番左のアルファベットの音です。

Ⓒ　Ⓔ$_m$　Ⓖ$_7$　Ⓒ$_{7SUS4}$……。つまり○で囲んだ音を弾けばよいのです。○で囲んだ部分は英語音名で下の楽譜のようになります。**E_mの根音はミ，G_7の根音はソ**となります。ただし，左手はベース音を担当しますので，下の楽譜に示した**中央ド**より低い音を弾くようにしましょう。

それでは，$B^{\flat}_{m}$の根音は何の音でしょうか？　一番左のアルファベットのBに♭がついているので，**シのフラット**ということになります。$G^{\#}_{7}$の根音は？　もうお分かりですね。**ソのシャープ**です。

●「さんぽ」のように有名な前奏がついている場合，その通りに弾くというのもよい方法です。

●前奏から歌に入るところで「さんハイ」をいうときは，必ず視線を子どもの方へ向けましょう！

●前奏はピアノの音を前面に出し，歌が入ってくるとピアノの音をやや弱くして弾きましょう！

2．楽譜を簡単にしてしまおう（「おんまはみんな」の例）

楽譜を簡単にする場合，□で囲んだ大譜表の右手部分を弾かない，という方法があります。右手は一番上の段のメロディー部分を弾きます。

また，一番下の段の4小節目のように左手に音が重なっている場合，（　）で囲んだ部分を省略して最も低い音だけを弾くとよいでしょう。

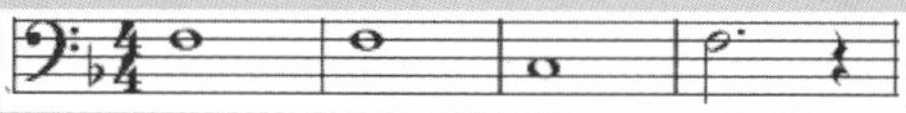

左手をさらに簡単にするには，1．で述べたようにコードの根音を右の楽譜のように弾くとよいでしょう。

伴奏のポイント

右手は指くぐり，指広げ，指の置き換えの練習が一度にできる教材です。要所要所にふられた指番号から指使いを想像し，指番号の補足の書き込みをしてから練習しましょう。

難易度
★★

33

とんぼのめがね

額賀　誠　志作詞
平井　康三郎作曲
SARAの会編曲

♩=108
mf
C G7 C F C
mp
1. と ん ぼ の め が ね は み ず い ろ め が ね
2. と ん ぼ の め が ね は ぴ か ぴ か め が ね
3. と ん ぼ の め が ね は あ か い ろ め が ね
F C G
あ ー お い お そ ら を と ん だ か ら
お て ん と さ ー ま を み て た か ら
ゆ う や け ぐ ー も を と ん だ か ら
C G7 C
mf
と ん だ か ら ー
み て た か ら ー
と ん だ か ら ー

秋

とんぼのめがね

額賀誠志 作詞／平井康三郎 作曲／SARA の会 編曲

保育で役立つ！活動場面＆ポイント

とんぼのメガネはよく見えます。複眼で360度見ることができるそうです。かまきりも同じ，この機会に昆虫の目の話もしておきましょう。

歌詞の中で，メガネの色と自然現象の結びつきが，なんとも壮大なイメージを与えています。大空を飛び交うとんぼになって歌いましょう。

やってみよう！

とんぼのサングラスをつくってみましょう。セロファン紙の色で物が見えるので，早速友達と見せ合いごっこになります。

ブーン
キョロ
キョロ

黒画用紙
色セロファン
（テープで止める）
Back
輪ゴム
とんぼのサングラス

チャレンジ！

とんぼの身体表現をしながら部屋の中を動き，とんぼになったつもりで，どんなところへ飛んでいったか，何が見えたかなど，話し合うのも，楽しい表現あそびに発展します。また，壁面にとんぼの貼り絵をして，どんなところを飛んでいるのか，まわりに絵を描くと，環境構成として活かすことができます。

伴奏のポイント

右手の連続する16分音符は少し弾きにくいかもしれませんが，音名を唱えながら弾くと，不思議に指の方もつられて弾けるようになります。ぜひ，試してください。

難易度 ★★

どんぐりころころ

青木　存義　作詞
梁田　貞　作曲
SARAの会　編曲

♩=60
C G C F C G C G C F C F G C
1. どんぐりころころ どんぶりこ おいけにはまって さあたいへん どじょうがでてきて こんにちは ぼっちゃんいっしょに あそびましょう
2. どんぐりころころ よろこんで しばらくいっしょに あそんだが やっぱりおやまが こいしいと ないてはどじょうを こまらせた

どんぐりころころ　青木存義 作詞／梁田貞 作曲／SARA の会 編曲

保育で役立つ！ 活動場面＆ポイント

実物または写真で展示して，いろいろなどんぐりがあることを知らせます。
どんぐりへの思いやりのある歌です。前奏をよく聴いて話しかけるように歌いましょう。

やってみよう！

あそび方①　２人組，４人組とグループをふやして，輪になって歌いながら，身体表現（フォークダンス）を楽しみましょう。歌詞に合わせて，思い思いのポーズをしながら，お互いの表現のよさを認め合いましょう。

あそび方②　「お池にはまったどんぐりさん，さてこれからどうなるのでしょう？」と話の続きを考える活動にもつなげられます。

各自が考えた話の絵をカードに描いて，自分のどんぐりころころのお話づくりへと発展させましょう。表現力の育ちにつながっていくことでしょう。

あそび方①

あそび方②

伴奏のポイント

左手も「♪まっかだな」と言っています。それ以外の左手は，右手の美しい旋律をより引き立たせるために，なるべくなめらかに，右手より音量をおさえて弾きましょう。

難易度 ★★

まっかな秋

薩摩　忠　作詞
小林　秀雄　作曲
SARAの会　編曲

♩=120
F C F C F C F Gm
1.まっ かだな まっ かだな つたーのはっぱが まっ かだな もみじのはっぱも
2.まっ かだな まっ かだな からーすうりって まっ かだな とんぼのせなかも
3.まっ かだな まっ かだな ひがーんばなって まっ かだな とおくのたきびも
C F C C7 F D
まっ かだな しーずむゆうーひに てーらされて まっ かな
まっ かだな ゆーうやけぐーもを ゆーびさして まっ かな
まっ かだな おーみやのとりいを くーぐりぬけ まっ かな
Gm G C F B♭ C C7 F
ほっぺたの きーみとぼく まっ かな あきに かこまれている
ほっぺたの きーみとぼく まっ かな あきに よびかけている
ほっぺたの きーみとぼく まっ かな あきを たずねてまわる

まっかな秋

薩摩忠 作詞／小林秀雄 作曲／SARA の会 編曲

保育で役立つ！活動場面＆ポイント

季節を色で表している歌で，合唱曲としても知られています。赤は子どもたちの好きな色の一つでもあります。歌詞に歌われている秋の色を感じ取って歌いましょう。室内の環境構成も，秋の様子が表現できていることが大切ですね。

やってみよう！

四季の移り変わりに気づかせ，言葉で絵を描くように，一つ一つの言葉を大切に丁寧に，心を込めて歌いましょう。歌唱力がある程度身についてくると，このような叙情詩のような歌も歌うことができます。素直な声で，正しい日本語の歌を身につけましょう。

チャレンジ！ 行事の際に親子で歌う歌の中に入れるのも可能。年長児と保護者との二部合唱もできます。

伴奏のポイント

左手の伴奏パターンでは親指に重心がかからないように，軽く弾きましょう。「♪るるるる　るるるる」のところは，大きなクレッシェンドをして盛り上げましょう。

難易度
★☆

きのこ

芸術教育研究所リズムの会　作詞
作曲
SARAの会　編曲

たのしく ♩=100

f
mp
F
mf
き　き　き　の　こ　き　き　き　の　こ
mf
Gm
F
ノ　コ　ノ　コ　ノ　コ　ノ　コ　あ　るい　た　り　し　な　い
ニョ　キ　ニョ　キ　ニョ　キ　ニョ　キ　う　で　なん　か　だ　さ　ない
き　き
C
き　の　こ　き　き　き　の　こ
ノ　コ　ノ　コ　あ　るい　た　り
ニョ　キ　ニョ　キ　う　で　なん　か

秋

F Dm Gm Dm
mp
しないけど
ださないが
あめがふるたびふるたびに
C
せいがのびてく
かさがおおきく
るるるる るるるる
F Gm F
f
いきてる いきてる いきてる いきてる きのこは
C F
いきてる ぽんぽらぽん
glissando

きのこ　芸術教育研究所リズムの会 作詞・作曲／SARA の会 編曲

保育で役立つ！活動場面＆ポイント

きのこを知らない子どもたちには，図鑑などで知らせてあげましょう。
きのこは身近な植物ではないですが，お話の中などにも出てくるので，成長の様子などに興味を持たせましょう。
食育の指導でも，野菜の仲間にきのこがあることを知らせましょう。

やってみよう！

あそび方①　「♪るるる……」のところはピアノ伴奏をしっかり聞いて曲を覚えましょう。身体表現をしながら歌いましょう。最後にポーズを決めるところが楽しみですね。

あそび方②　「きのこ」をつくりましょう。簡単な形なので，色画用紙で大小さまざまつくって，シールで飾るとかわいいきのこができます。

あそび方①
図鑑
絵本
仲間
きーのこは いきてる
ポン ポラ ポン！
最後のポーズを楽しみに
子どもたちは調子をつけて
歌うことでしょう!!
シール
画用紙
あそび方②
きのこづくり!!

伴奏のポイント

左手の半音階で降りていくところが，静かな月夜を表現しています。指くぐりのところでできるだけ手首を上下させないで，なめらかに移動しましょう。

難易度
★★

つき

文部省唱歌
SARAの会　編曲

気楽にのんびりと ♩=88
C
mf
mp
1. で た で た
2. か く れ た
3. ま た で た
G7
つ き が　ま ー る い　ま ー る い　ま ん ま る い
く も に　く ー ろ い　く ー ろ い　ま っ く ろ い
つ き が　ま ー る い　ま ー る い　ま ん ま る い
C
G
C
mf
ぼ ー ん の よう な つ き が
す ー み の よう な く も に
ぼ ー ん の よう な つ き が

保育で役立つ！一言アドバイス

保育者がつくった大きな月のペープサートを動かしながら，ゆったりと歌いましょう。『おつきさまこんばんは』（林明子 作，福音館書店），『パパ，お月さまとって！』（エリック・カール 作 / もりひさし 訳，偕成社）などの絵本のお話につないでいきましょう。

伴奏のポイント

虫の声を歌っているところでは，虫の声をイメージしながら小さい音にして，最後の８分休符をきちんと保ちましょう。

難易度
★★

虫の声

文部省唱歌
SARAの会　編曲

♩=80
D G A D A
1.あ れ ま つ む し が な い て い る チン チロ チン チロ チン チロ リン
2.キ リ キ リ キ リ キ リ こ お ろ ぎ や ガチャ ガチャ ガチャ ガチャ くつ わ む し
D G A D A
あ れ す ず む し も な き だ し た リン リン リン リン リ イン リン
あ と か ら う ま お い お い つ い て チョン チョン チョン チョン ス イッチョン
D G A
1.2.あ き の よ な が を な き と お す
G D Em A D
ああ お も し ろ い む し の こ え

保育で役立つ！一言アドバイス

「♪チンチロリン」「♪リンリンリンリン」「♪ガチャガチャガチャ」の虫の鳴き声の部分は，楽器（トライアングル・鈴・マラカスなど）を変えて演奏しましょう。「♪あーおもしろい」は，陽気に盛り上がって歌いましょう。

伴奏のポイント

初心者でも取り組みやすい一曲です。左手の伴奏は，コンコンというきつねの鳴き声を模しています。軽く，和音がずれないように弾きましょう。

難易度
★★

こぎつね

勝　承夫 作詞
ドイツ民謡
SARAの会 編曲

軽快に ♩=100
mf
(コン)
C F C F C
こぎつね コンコン
1. やまのなか やまのなか
2. ふゆのやま ふゆのやま
3. あなのなか あなのなか
G C G C
くさのみ つぶして おけしょう したり
かれはの きものじゃ ぬうにも ぬえず
おおきな しっぽは じゃまには なるし
G C G7 C
もみじの かんざし つげの くし
きれいな もようの はなも なし
こくびを かしげて かんがえる
(コン)

保育で役立つ！一言アドバイス

覚えやすいメロディです。階名で歌ってから，鍵盤《けんばん》ハーモニカで演奏してみましょう。指使いの練習曲にもなるでしょう。

伴奏のポイント

お寺の梵鐘《ぼんしょう》が鳴らない，少し現代的な夕やけのイメージで編曲しました。左手は旋律での伴奏になっているので，左手にもフレーズのまとまりを感じながら，音量は右手よりおさえ，なめらかに弾きましょう。

難易度
★★

夕やけこやけ

中村　雨紅　作詞
草川　信　作曲
SARAの会　編曲

♩=76
C G C F G C F C G C G C G C
mp mf p
1.ゆうやけこやけで ひがくれて やまのおてらの かねがなる おーててつないで みなかえろう からすとい一っしょに かえりましょう
2.こどもがかえった あとから まるいおおきな おつきさま ことりがゆめを一 みるころは そらにはきらきら きんのほし

保育で役立つ！一言アドバイス

前奏，後奏を大切にして，歌いだしに注意し声をそろえてきれいに歌いましょう。みんなの夕やけはどんな色かな？　お部屋に夕やけの空をパスで描いてみましょう。

伴奏のポイント

初心者にとっては，右手に出てくるような，連続する16分音符を，隣接する指同士で弾くのは難しいですね。音名を唱えながら練習する方法が効果的です。左手の伴奏パターンでは親指に重心がかからないように，軽く弾きましょう。

難易度 ★★

はたけのポルカ

ポーランド民謡
峯　陽　作詞
SARAの会　編曲

♩=112
mf
1. いちばんめのはたけーにキャベツーをうえたらとなりのひつじーがムシャムーシャたべた
2. にばんめのはたけーにじゃがいーもうえたらとなりのこぶたーがパクパークたべた
3. さんばんめのはたけーにこむぎーをうえたらとなりのにわとりがコッココココたべた
4. よんばんめのはたけーにトマトーをうえたらとなりのこうしーがクチャクーチャたべた
5. ごばんめのはたけーにだいこーんうえたらみたことないようなだいこーんできた
はたけーのまわりーでポルカーをおどろう
ひつじーをつかまえてポルカーをおどろう
こぶたーをつかまえてポルカーをおどろう
にわとりをつかまえてポルカーをおどろう
こうしーをつかまえてポルカーをおどろう
だいこーんかこんーでポルカーをおどろう

保育で役立つ！一言アドバイス

軽快なポルカのリズムを，フォークダンスの体形で二人組になり，手拍子，足ぶみでみんなで輪になって踊りましょう。羽のついたかぶりものなどをつけると踊りが楽しくなります。

伴奏のポイント

初心者は，とかく左手が切れると右手も切れたり，右手につられて歌も途切れやすいものです。この曲では左手のスタッカートにつられて，歌や右手が切れないようにしましょう。高揚した気分を表すように，力強く弾きましょう。

難易度 ★★

うんどうかい

三越　左千夫　作詞
木原　靖　作曲
SARAの会　編曲

げんきよく ♩=120
C F C
1. まっ て た まっ て た うん どう かい ワー イ ワー イ
2. まっ て た まっ て た うん どう かい ワー イ ワー イ
G C F C
あ か ぐ み だ つ な ひ き だっ て ま け な い ぞ
し ろ ぐ み だ か け っ こ だっ て ま け な い ぞ
C
フレ！ フレ！ フレ！ フレ！ フレ！ フレ！
フレ！ フレ！ フレ！ フレ！ フレ！ フレ！

保育で役立つ！一言アドバイス

ハンカチに絵を描いて，運動会の旗をつくりましょう。空に子どもたちのマイフラッグがひらめき，元気な声が響き，「さあ始まるぞ！」と開会式の歌です。

伴奏のポイント

右手にも，高音で擬音的効果のある音が散りばめられています。大きな跳躍のほか，重音も多いので，常に手首の力を抜くことを意識してください。前奏の重音は，自分の弾きやすい指使いを補足して書き込んでから練習しましょう。

難易度 ★★

こおろぎ

関根　栄一　作詞
芥川　也寸志　作曲

♩=76
poco rit.
mp
sempre con Ped.
C F C F C G
mf a tempo
1. こ お ろ ぎ　ち ろ ち ろ りん　こ お ろ ぎ　こ ろ こ ろ りん　ち ろ ち ろ りん　こ ろ こ ろ りん　く さ の な か
2. に い さ ん　ち ろ ち ろ りん　お と う と　こ ろ こ ろ りん　ち ろ ち ろ りん　こ ろ こ ろ りん　う た い ま す
3. や さ し い　ち ろ ち ろ りん　か わ い い　こ ろ こ ろ りん　ち ろ ち ろ りん　こ ろ こ ろ りん　く さ の な か
8va
1.2.
3.
rit.

保育で役立つ！一言アドバイス

鳴き声の「♪チロチロリン」「♪コロコロリン」はトライアングル等で演奏してみましょう。虫の制作は，紙筒を使うと簡単です。目と羽，足などをつけて，秋の虫に興味を持たせるよい機会でしょう。

伴奏のポイント

指広げ，指の置き換え，指くぐりなどさまざまな指使いのパターンがある曲です。指使いを守って弾きましょう。強弱に気をつけて，表情豊かに弾きましょう。

難易度 ★★

たきび

巽 聖歌 作詞
渡辺 茂 作曲
SARAの会 編曲

♩=104
mp
f
mf
p
C G C F C G7 C G C F C G C
1.か き ね の か き ね の ま が り か ど
2.さ ざ ん か さ ざ ん か さ い た み ち
3.こ が ら し こ が ら し さ む い み ち
た き び だ た き び だ お ち ば た き
あ た ろ う ー か
あ た ろ う よ
き た か ぜ ぴ い ぷ う ふ い て い る
し も や け お て て が も う か ゆ い
そ う だ ん し な が ら あ る い て る

保育で役立つ！一言アドバイス

「♪あーたろうか」「♪あたろうよ」の部分は二つのグループに分かれて掛け合いのように歌いましょう。前奏，後奏を大切にして歌いましょう。

伴奏のポイント

重音が連続してなめらかに弾くのが難しい曲です。和音の一番上の旋律の音だけを，指番号どおりに，できるだけ切れないように弾く練習をしてみましょう。

難易度
★★

もみじ

教育音楽協会　作詞・作曲

♩=104
D A D
mf
あ か い あ か い も み じ の は も み じ の
A D A D G D
はっ ぱ は き れ い だ な ぱっ と ひ ろ げ た
A D G D A D
あ か ちゃ ん の お て て の よ う で か わ い い な

保育で役立つ！一言アドバイス

園庭の落ち葉を集めて，形，色など比べてみましょう。もみじの葉っぱも探しましょう。「♪ぱっとひろげた」の箇所では，手をにぎってパッと開く表現がかわいいですね。

伴奏のポイント

同音連打するところは，指をすばやく変えながら弾きましょう。「♪いもこが（くりこが）～」からは，左手の刻みを正確に，少し重みをつけて弾くと曲が引き締まります。

難易度 ★★

みのりのあき

新沢　としひこ　作詞
中川　ひろたか　作曲
ＳＡＲＡの会　編曲

元気よく ♩=112
f
G
D
1. いもほりすんならおやまのふもとの
かきもぎすんならおいけのほとりの
2. きーのことりならとうげのむこうの
くりひろいーならじんじゃのうーらの
ごんべのはたけがいいーだべさ
ごんたのところがいいーだべさ
ごすけのはやしがいいーだべさ
ごさくのところがいいーだべさ
ほっくりほっくり でっかいいもこが あとからあとから
たんわりたんわり まっかなかきのみ とってもとっても
にょっきりにょっきり めんこいきのこが そこらにここらに
いんがりいんがり ごっついくりこが あっちにこっちに

D G
でてーくんぞ
まだーあんんぞ
はえーてんぞ
おちーてんぞ
1.いもこがうまいべ
2.くりこがうまいべ
D G
エイ サカ エイ サカ エイ サカ エイ サカ かーきがうまいべ
エイ サカ エイ サカ エイ サカ エイ サカ きのこがうまいべ
D C7 D G
ワン サカ ワン サカ ワン サカ ワン サカ
ワン サカ ワン サカ ワン サカ ワン サカ
みのりのあきだべー
ワッショイ！ ワッショイ！ ワッショイ！ ワッショイ！ ワッショイ！ ワッショイ！ ワッショイ！ ワッショイ！
手拍子

保育で役立つ！一言アドバイス

お祭り気分で元気よく歌い，語りかける歌詞のおもしろさも楽しみましょう。「♪エイサカ…ワンサカ…」や「♪ワッショイ　ワッショイ」のところで，子どもに好きなリズムを考えさせて手拍子や足ぶみをしたり，ペットボトルの容器を楽器がわりにして，両手で打ちならしても楽しく，発表会にもアレンジできます。

column 5

保育場面で大活躍する“生活のうた”コレクション

音楽的な活動は，園生活の中で日常的なものとして位置づけられています。園での一日の活動は，歌で始まって歌で終わるといっても過言ではありません。音楽的な活動の時間が大切な，そして楽しい時間であってほしいと思います。

保育の中には，毎日のある決まった活動のときに歌われる“生活のうた”と呼ばれる歌があります。朝やお帰りのとき，食事のとき，片付けのときなど，園における活動のさまざまな節目で歌われている歌がそれです。この“生活のうた”の多くは，半世紀以上前につくられました。当初は，子どもたちを楽しい気持ちにさせる，歌いながら基本的な生活習慣を身につけさせる，あるいは園での生活にメリハリをつける等の思いを込めてつくられたと思いますが，ともすればルーティーン・ワークとして機械的に歌われることもあるかもしれません。そのように歌われてしまえば，せっかくの歌も，何の意味も持たなくなってしまいますので，楽しさ，感動，気持ちの高揚などの音楽の本質的部分を忘れないように，子どもたちの表現を豊かにするような工夫をしていただきたいと思います。ここでは，多くの幼稚園や保育園で“生活のうた”の定番として歌われている歌をいくつか紹介しましょう。

あくしゅでこんにちは　まど・みちお 作詞／渡辺 茂 作曲

C G C G C
1. てくてく　てくてく　あるいて　きて　あ　くしゅ　で
2. もにゃもにゃ　もにゃもにゃ　おはなし　して　あ　くしゅ　で
こん　にち　は　ごきげん　い　か　が　ー
さよ　うな　ら　またまた　あ　し　た　ー

おかたづけ　作詞・作曲者不詳

F C F C F
お かた づけ　お かた づけ　さ あ さみ なさ ん お かた づけ

おててをあらいましょう　作詞・作曲者不詳

D A D A7 D
お て ー て を あらい ましょう き れ い に し ましょう お て ー て を あらい ましょう きゅ きゅ きゅ きゅ ぽん ぽん ぽん

おべんとう

天野 蝶 作詞／一宮 道子 作曲

C F C F C
1.お べん と お べん と う れし い な お て て も き れい に
2.お べん と お べん と う れし い な な んで も た べま しょ
G C G G7 C
な りま し た み ん な そ ろっ て ご あい さ つ
よ くか ん で み ん な す んだ ら ご あい さ つ

おそうじ

小林 純一 作詞／中田 喜直 作曲

F C
1.お そ う じ お そ う じ は じめ に は た き で
2.お そ う じ お そ う じ こ んど は ほ う き で
3.お そ う じ お そ う じ し まい は ぞ う きん で
F
ぱっ ぱ ぱっ ぱっ ぱっ ぱっ ぱっ ぱっ ぱ ぱっ ぱっ ぱっ ぱっ
しゃっ しゃ しゃっ しゃっ しゃっ しゃっ しゃっ しゃっ しゃ しゃっ しゃっ しゃっ しゃっ
しゅっ しゅ しゅっ しゅっ しゅっ しゅっ しゅっ しゅっ しゅ しゅっ しゅっ しゅっ しゅっ

おかえりのうた

天野 蝶 作詞／一宮 道子 作曲

C F C F C G C
1.きょー う もた のし く す みま した なか よし こ よし で か えり ま しょう
2.お りが みつ みき も か たづ けて おか え りお した く で きま し た
C F C G C
せ んせ い さ よな ら また また あ し た

ハッピー・バースデイ・トゥー・ユー

訳詞者不詳／P. S. ヒル 作曲

G D7 G
ハッ ピー バース ディ トゥー ユー ハッ ピー バース ディ トゥー ユー ハッ ピー バース ディ ディア
C G D7 G
○ ちゃん ハッ ピー バース ディ トゥ ユー

伴奏のポイント

いわゆるスキップのリズムが連続しますが，16分音符が次の音にかかるようにして弾くとよいでしょう。登場する動物をイメージして，音量や重さ・軽さ等の違いが出るように弾いてください。

難易度 ★★

コンコンクシャンのうた

香山　美子　作詞
湯山　昭　作曲
SARAの会　編曲

♩=104 りすを暗示させるように　かわいらしく
8va
p

F
mf
1.りすさんが　マスクし
2.つるさんが　マスクし
3.ぶうちゃんが　マスクし
4.かばさんが　マスクし
5.ぞうさんが　マスクし
mp
mf

C　F　C7　F　C
p
た　ちいさい　ちいさい　ちいさい　ちいさい
た　ほーそい　ほーそい　ほーそい　ほーそい
た　まあるい　まあるい　まあるい　まあるい
た　おおきい　おおきい　おおきい　おおきい
た　なーがい　なーがい　なーがい　なーがい
p

F
C
F
マ　ス　ク　し　た
マ　ス　ク　し　た
マ　ス　ク　し　た
マ　ス　ク　し　た
マ　ス　ク　し　た
コン　コン　コン　コン　クシャン
コン　コン　コン　コン　クシャン
コン　コン　コン　コン　クシャン
コン　コン　コン　コン　クシャン
コン　コン　コン　コン　クシャン
Fine
ゆっくり　つるを暗示させるように
1.
ぶたを暗示させるように　ゆかいに
2.
ゆっくり　かばを暗示させるように
3.
ゆっくり　ぞうを暗示させるように
4.
8va bassa

コンコンクシャンのうた

香山美子 作詞／湯山昭 作曲／SARAの会 編曲

保育で役立つ！活動場面＆ポイント

風邪の流行の予防に合わせて歌うことができます。動物とマスクの大きさが比例し，大きい・小さいが楽しめる曲です。「♪コンコンクシャン！」のフレーズは，その動物になりきってくしゃみをすればさらに楽しめるでしょう。

風邪の予防，手洗い，うがいの励行など，生活指導にもつないでいきましょう。

やってみよう！

あそび方①　くしゃみをしながら，部屋中を動き回ってみましょう。「みんな風邪ひいて寝ました」「うがいをして元気になりました」など，演出してください。動物のお医者さんは誰でしょう？

あそび方②　誰がくしゃみをしたのか，歌詞の部分を変化させて身体表現してみましょう。くまさんが… アリさんが… パンダさんが… へびさんが…マスクするとどうなるでしょう？

あそび方③　マスクに模様を描いて飾りましょう。市販の安価なペーパーマスクにマーカーで絵を描きます。それを画用紙に貼って，誰のマスクなのか加筆します。耳だけ，目だけの動物もいたりして，楽しい作品になるでしょう。

あそび方①

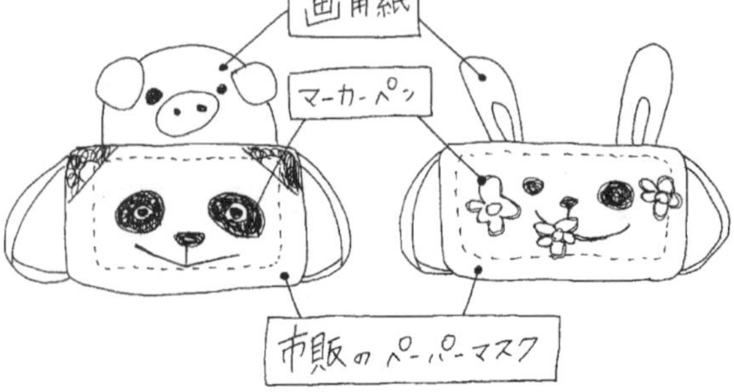

あそび方③

あわてんぼうのサンタクロース　吉岡治 作詞／小林亜星 作曲／SARA の会 編曲

保育で役立つ！ 活動場面＆ポイント

曲がサンタクロースのお話になっているので，身体表現をしながら歌うと，サンタクロースに変身することができるでしょう。歌の中での体験を楽しみましょう。

やってみよう！

サンタ工場でサンタさんたちは，何をしているのでしょう。絵に描いてみましょう。

サンタさん は 今頃
どうしてるかな？
ペン 又はパスで
サンタ工場の 絵を描く
画用紙
折り紙の
サンタクロースを貼る

チャレンジ！

サンタクロースがどんなプレゼントを持ってきてくれるのか，楽しみに待ちましょう。後で，サンタさんにお礼のお手紙を書くのもいいですね。

伴奏のポイント

左手の伴奏は1ページ目と2ページ目で弾き分けをしてください。1ページ目は軽く，2ページ目は少し流れるように。ただし，4分音符3音組の最後の音は重くならないようにしましょう。

難易度 ★★

あわてんぼうのサンタクロース

吉岡　治　作詞
小林　亜星　作曲
SARAの会　編曲

♩=46
mf
poco rit.
Bright ♩=126
mf
F
1. あわ
てんぼう
てんぼう
てんぼう
てんぼう
てんぼう
B♭
F
の サンタクロース クリスマスま
の サンタクロース えんとつのぞ
の サンタクロース しかたがない
の サンタクロース もいちどくる
の サンタクロース ゆかいなおひ

G C F
えにやってきたいそいでリンリン
いておっこちたあいたたドンドン
からおどったよたのしくチャチャ
よとかえってくさよならシャララン
げのおじいさんリンリンリンチャチャ
F7 B♭ F
リンいそいでリンリンリンならしておく
ドンあいたたドンドンドンまっくろくろ
チャたのしくチャチャチャみんなおど
ランさよならシャラランランタンブリンなら
チャドンドンドンシャラランランわすれちゃだめ
C F
れよかねをーリンリンリンリンリン
けのおかおードンドンドンドンドン
ろよぼくとーチャチャチャチャチャ
してきえたーシャラランランシャララン
だよおもちゃーシャラランリンチャチャ
C7 F
1.2.3.4.
F
5.
リンリンリンリン
ドンドンドンドン
チャチャチャチャ
ランシャラランラン
チャドンシャララン
2. あ わ
3. あ わ
4. あ わ
5. あ わ

伴奏のポイント

歌が始まってからの左手の伴奏型は，空から舞い降りる雪を表現しています。軽く，８分休符を正確に保って弾きましょう。

難易度 ★★

49

冬

ゆき

文部省唱歌
SARAの会　編曲

はずむように ♩=100

mp
C
mp
1. ゆ ー き や こん こ あ ら れ や こん こ ふっ て は ふっ て は
2. ゆ ー き や こん こ あ ら れ や こん こ ふっ て も ふっ て も
G C
ず ん ず ん つ も る や ー ま も の は ら も わ た ぼう し か ぶ り
ま だ ふ り や ま ぬ い ー ぬ は よ ろ こ び に わ か け ま わ り
F C G7 C
mf
か れ き の こ ら ず は な が さ く
ね こ は こ た つ で ま る く な る
mf

ゆき　文部省唱歌／SARAの会 編曲

保育で役立つ！活動場面＆ポイント

軽快なリズムで，雪降らしを楽しみながら歌うことができます。雪の情景が環境として保育室に展示されていると，その雰囲気がよく伝わるでしょう。
チャンスがあれば，舞い降りてくる雪を，黒い紙の上で虫めがねで見てみましょう。雪の結晶がきれいにみえます。自然の不思議に出会えますよ。

やってみよう！

大小の丸い紙を組み合わせて，たくさんの雪だるまを制作し，雪だるまの町をつくりましょう。

① 大小の丸の紙を
用意する（カラフルな色）
大
小
② 大小の丸を組み
合わせ雪だるまをつくる
③ 大きな紙に貼る
④ 雪ふらしは絵の具、
又はコンテをつかう

伴奏のポイント

前奏部分の左手からリズムの正確さが要求される曲です。前半の語りの部分と後半の踊りの部分のメリハリをはっきりつけて弾きましょう。

難易度 ★★

50

冬

赤鬼と青鬼のタンゴ

加藤　直　作詞
福田　和禾子　作曲
SARAの会　編曲

たのしく ♩=126
mp
mf
Em Bm Em
Bm Em
Am B
Em Bm Em
p
1.あきかぜの わすれもの ゆうやけ ピーヒャララ こんもり
2.あきかぜの わすれもの よぞらに ドンドコショ しんしん
Bm Em
Am B
Am
Bm
ふかーい やまおーくにー かぜにのって とどい
くらーい やまおーくにー やまびこどんどこ とどい
Em
Am
Em
たーーーーー つのつのいっぽん あかおにどん つのつのにほん
たーーーーー

Am Bm C Am B Am B
あおおにどん こころうーかれて こころうーかれて おどりだすー
Em B Em
つきのひとみ ロンロンロンロン だんだらつの ツンツンツンツン
Am Em B Em
ああ よるはいま {おどってる / ゆめごこち} タンゴのリズム
B7 Em
タンゴの リズムー

赤鬼と青鬼のタンゴ

加藤直 作詞／福田和禾子 作曲／SARAの会 編曲

保育で役立つ！活動場面＆ポイント

歌詞の中にある山の奥の方に住む鬼の話を，創作話で聞かせてあげましょう。『泣いた赤鬼』（浜田廣介 作）や『おにの子，あかたろう』シリーズ（北山葉子 作）などの読み聞かせの導入に使うのもいいですね。

やってみよう！

あそび方① タンバリンやカスタネットなどの打楽器で，曲のリズムを打ちながら歌いましょう。「♪つきのひとみ～」からタンゴらしく，最後のところは，アクセントをつけると盛り上がります。歌詞が長いので，抑揚をつけ思いを込めて歌いましょう。

あそび方② タンゴのリズムの楽しさを身体で体験させましょう。怖い鬼のイメージが，楽しい踊りを踊る愉快な鬼に変身します。かぶりものをつけると，楽しさが増しますよ。

あそび方③ 保育者が，まず4拍のリズムパターンを手で打って見せ，子どもにまねさせます。子どもたちにも，同じ長さで自由にリズムをつくらせて，一人ずつ発表してもらいます。一人が発表したら，それを順番にリレーしてまねていきます。

伴奏のポイント

左手は全体をとおして，すずの軽やかさが表現できるようにしましょう。3段目からの伴奏型は親指に重心がかからないように弾きましょう。

難易度
★★

ジングルベル

宮沢　章二　作詞
J.S.ピアポント　作曲
SARAの会　編曲

♩=120
mf
F　B♭　C　F
1.は しれ そ り よ か ぜ の よ う に ゆ き の な か を か る く は や く わ
2.は しれ そ り よ お か の う え は ゆ き も し ろ く か ぜ も し ろ く う
B♭　C　C7　F
ら い ご え を ゆ き に ま け ば あ か る い ひ か り の は な に な る よ
た う こ え は と ん で い く よ か が や き は じ め た ほ し の そ ら へ
C7　F　G7　C7
ジングルベル ジングルベル す ず が な る す ず の リ ズ ム に ひ か り の わ が ま う ー
F　C7　F　C7　F
ジングルベル ジングルベル す ず が な る も り に は や し に ひ び き な が ら

保育で役立つ！一言アドバイス

サンタクロースと一緒に楽器を持って歌うと，楽しいリズム表現ができます。クリスマスの飾りの帽子をかぶって踊りましょう。サンタさんへのお礼のお手紙も書けるといいですね。

伴奏のポイント

初心者が取り組みやすい１曲です。２段目の右手では８分音符が連続していますが，均等な長さと強さで弾けるようにしましょう。

難易度
★★

お正月

東　く　め　作詞
滝　廉太郎　作曲
SARAの会　編曲

♩=112
F　C　F　C7　F
mf
1.もー　い　く　つ　ね　る　と　お　しょ　ー　が　つ
2.もー　い　く　つ　ね　る　と　お　しょ　ー　が　つ
1　3　2　3
mf
5　5　2　3　4　5
B♭　F　Dm　C　F　Dm　C　F　C
お　しょ　ー　が　つ　に　は　た　こ　あ　げ　て　こ　ま　を　ー　ま　わ　し　て　あ　そ　び　ま　しょう
お　しょ　ー　が　つ　に　は　ま　り　つ　い　て　お　い　ば　ね　つ　い　て　ー　あ　そ　び　ま　しょう
4　2　1　3　5　3　2
2　1　4　5　2
F　C　F　C7　F
は　や　く　ー　こ　い　こ　い　お　しょ　ー　が　つ
は　や　く　ー　こ　い　こ　い　お　しょ　ー　が　つ
1　3　2
2　1　3

保育で役立つ！一言アドバイス

新しいカレンダーを見ながら，お正月を指折り数えて待ちましょう。身体表現をつけてお正月の遊びを楽しみましょう。遊びに使えるもの，凧，カルタ，すごろくなどをつくってみましょう。

伴奏のポイント

コーラスのような形の伴奏の曲なので，右手で歌う旋律が，いつも一番はっきり聞こえるように，またスラーがかかっているフレーズをできるだけなめらかに弾きましょう。4段目で曲が盛り上がるよう，曲を設計しましょう。

難易度
★★

ひいらぎかざろう

松崎　功　作詞
ウェールズ・キャロル
SARAの会　編曲

♩=104
C
mp
ひ いらぎ かざろう
G C Dm G7 C
ファラララララ ラ ラ ラ ラ
は れぎ に き かーえ て
G C Dm G7 C
ファラララララ ラ ラ ラ ラ
G cresc. C G C Am D7 G
カ ロ ル を う た お う ファ ラ ラ ラ ラ ラ ラ ラ ラ
C f F C F G7 C
た の し い こ の と き ファ ラ ラ ラ ラ ラ ラ ラ ラ

保育で役立つ！一言アドバイス

クリスマスキャロルとして親しまれています。ツリーを囲んで輪になり，「♪ラララ～」の箇所はギャロップをしながら歌うと，動きがあり楽しいでしょう。

伴奏のポイント

８個のドで導かれる歌，全体に雪の軽さが出るように弾きましょう。左手がスタッカートのときに，歌や右手がつられて途切れないようにしましょう。

難易度 ★★

ゆきのこぼうず

村山　寿子 作詞
外　国　曲
SARAの会　編曲

♩=80
mp
F C F C F
C F C F C F
1. ゆきのこぼうず ゆきのこぼうず やねにおりた つるりと すべって かぜにのって きえた
2. ゆきのこぼうず ゆきのこぼうず いけにおりた するりと もぐって みんなみんな きえた
3. ゆきのこぼうず ゆきのこぼうず くさにおりた じーっと すわって みずになって きえた

保育で役立つ！一言アドバイス

綿でつくった雪のこぼうずさんを壁面に飾りましょう。そして，どんなところに降りてくるか表現しましょう。歌詞の動作をしながら，いろいろな雪の表現をしましょう。

伴奏のポイント

「♪ぱらっぱらっ」のところ以外は両手ともなめらかに歌ってください。特に間《あい》の手のように入る左手は念入りに歌ってください。

難易度 ★★

まめまき

えほん唱歌
SARAの会　編曲

♩=100
mf
C F C F C
1. おにはそと ふくはうち
2. おにはそと ふくはうち
F C G D7 G
ぱらっ ぱらっ ぱらっ ぱらっ まめのおと
ぱらっ ぱらっ ぱらっ ぱらっ まめのおと
C F G C
おにはこっそりにげていく
はやくおはいりふくのかみ

保育で役立つ！一言アドバイス

頭に角だけつけて鬼に変身してみましょう。歯切れよく２拍子のリズムをつかみましょう。「♪ぱらっ ぱらっ　ぱらっ ぱらっ」は，豆が飛び散るように表現してみましょう。

伴奏のポイント

左手の８分休符は正確に保ってください。和音になっているところは，自然にアクセントがつくはずです。リズムのメリハリをつけて，間延びしないテンポで弾きましょう。

難易度 ★★

おにのパンツ

作詞者不詳
L. Denza 作曲
SARAの会 編曲

お に ー の パ ン ツ は い い
パ ン ツ ー つ よ い ぞ ー つ よ い ぞ ト ラ
ー の け が わ で で き て い る ー つ よ い ぞ ー つ よ い ぞ
ご ね ー ん は い て も や ぶ れ な い ー つ よ い ぞ

56

冬

B Em mf G D G D G
ーつよいぞ　じゅう　ねんはいてもやぶれない
D G D G f
ーつよいぞ　ーつよいぞ　ー　はこう　はこうお
C p cresc. E
にのパンツ　はこう　はこうおにのパンツ　あなたもわたし
Am E Am F f C G7 C
もおじーちゃん　もおばあちゃん　もー　みんなではこうおにのパンツ

保育で役立つ！一言アドバイス

色とりどりのかぶりものをつけた鬼が集まって，身体表現をしながら歌いましょう。「♪つよいぞ」のところは気持ちを込め，少し強調して歌いましょう。

column 6

歌で広がる昔話の世界

子どもの歌が“唱歌”と呼ばれていた明治時代，たくさんの昔話が歌となりました。それらは決して難しくなく，リズムも単純で，小さな子どもたちでも楽しく歌えるよう工夫されたものでした。お話の内容に沿って歌われていきますので，劇遊びや読み聞かせの際など，工夫次第ではさまざまな場面で使用することができます。ここで紹介している曲の他にも，「こぶとりじいさん」「だいこくさま（いなばのしろうさぎ）」「おむすびころりん」などがあります。歌うことにより，子どもたちの心はますます豊かになり，お話の世界をさらに広げていってくれるでしょう。

うらしまたろう

石原　和三郎　作詞／田村　虎蔵　作曲

1.むかしむかしうらしまはたすけたかめにつれられて
2.おとひめさまのごちそうにたーいやひらめのまいおどりに
3.あそびにあきてきがついておいとまごいもそこそこに
4.かえってみればこはいかにもといたいえもむらもなく
5.こころーぼそさにふたとればあけてくやしきたまてばこ
りゅうぐうじょうへきてみればえーにもかけないうつくしさ
ただめずらしくおもしろくつきひのたつもーゆめのうち
かーえるとちゅうのたのしみはみやげにもったたまてばこ
みーちにいきあうひとびとはかおをーしらないものばかり
なかからぱっとしろけむりたちまちたろうはおじいちゃん

きんたろう

石原　和三郎　作詞／田村　虎蔵　作曲

1.まさかりかついできんたろうくーまにまたがり
2.あしがらやーまのやまおくでけだものあつめて
おうまのけいこハイシィドウドウハイドウドウハイシィドウドウハイドウドウ
すもうのけいこハッケヨイヨイのこったハッケヨイヨイのこった

うさぎとかめ

石原　和三郎　作詞／納所　弁次郎　作曲

1.もしもしかめよかめさんよせかいのうちでおまえほど
2.なーんとおっしゃるうさぎさんそんならおまえとかけくらべ
3.どんなにかめがいそいでもどーうせばんまでかかるだろう
4.これはねすぎたしくじったピョンピョンピョンピョンピョンピョンピョン
あゆみののろいものはないどうしてそんなにのろいのか
むこうのこやまのふもとまでどちらがさきにーかけつくか
ここらでちょっとひとねむりグーグーグーグーグーグーグー
あんまりおそいうさぎさんさっきのじまんはどうしたの

いっすんぼうし

巌谷　小波　作詞／田村　虎蔵　作曲

1.ゆびにたりないいっすんぼうし ちいさいからだにおおきなのぞみ おわんのふーねにはしのかい きょうへーはるばるのぼりゆく
2.きょうはさんじょうのだいじんどのに かかえーられたるいっすんぼうし ほうしーほうしとおきにいり ひめのーおともできよみずへ
3.さてもかえりのきよみずざかに おにがーいっぴきあらわれて くってーかかればそのくちへ ほうしーたちまちおどりこむ
4.はりのたちおばさかてにもって ちくりーちくりとはらじゅうつけば おにはーほうしをはきだして いっしょうけんめいにげてゆく
5.おにがわすれたうちでのこづち うてばーふしぎやいっすんぼうし ひとうちごーとにせがのびて いまはーりっぱなおおおとこ

ももたろう

文部省唱歌／岡野　貞一　作曲

1.ももたろさん ももたろさん おこしにつけた きびだんご ひとつわたしに くださいな
2.やりましょう やりましょう これからおにの せいばつに ついてゆくなら やりましょう
3.いきましょう いさましょう あなたについて どこまでも けらいになって いきましょう
4.そりゃすすめ そりゃすすめ いちどにせめて せめやぶり つぶしてしまえ おにがしま
5.おもしろい おもしろい のこらずおにを せめふせて ぶんどりものを えんやらや
6.ばんばんざい ばんばんざい おともののいぬや さるきじは いさんでくるまを えんやらや

はなさかじいさん

石原　和三郎　作詞／田村　虎蔵　作曲

1.うらのはたけでぽちがなく しょうじきじいさんほったれば おおばーんこーばーんが ザクザクザークザク
2.いじわるじいさんぽちかりて うらのはたけをほったれば かわらやかいーがら ガラガラガーラガラ
3.しょうじきじいさんうすほって それでもちーをついたれば またぞろこばーんが ザクザクザークザク
4.いじわるじいさんうすかりて それでもちーをついたれば またぞろかいーがら ガラガラガーラガラ
5.しょうじきじいさんはいまけば はなはさいたーかれえだに ほうびはたくーさん おくらにいーっぱい
6.いじわるじいさんはいまけば とのさまのめにーそれがいり とうとうろうーやに つながれましーた

伴奏のポイント

うねりのある旋律です。指使いに気をつけて，できるだけなめらかに弾きましょう。左手のスタッカートは，鼓《つづみ》の音をイメージしながら弾きましょう。

難易度 ★★

うれしいひなまつり

サトウハチロー 作詞
河村 光陽 作曲
ＳＡＲＡの会 編曲

典雅にあまり速くなく ♩=76
mf
Cm
Fm
G
Cm
G
Cm
Fm
Cm
Fm
G
Cm
Fm
G
Cm
mp
1.あかりをつけましょ ぼんぼりに おはなをあげましょ もものはな ごにんばやーしの ふえたいこ きょうはたのしい ひなまつり
2.おだいりさーまと おひなさま ふーたりならんで すましがお およめにいらーした ねえさまに よくにたかんじょの しろいかお
3.きーんのびょうぶに うつるひを かすかにゆーする はるのかぜ すこししろーざけ めされたか あかいおかおの うだいじん
4.きものをきかえて おびしめて きょーうはわたしの はれすがた はるのやよーいの このよきひ なによりうれしい ひなまつり

うれしいひなまつり　サトウハチロー 作詞／河村光陽 作曲／SARA の会 編曲

保育で役立つ！活動場面＆ポイント

日本文化のひな祭りを，この歌とともに永く伝えていきたいものです。伝統的な歌の歌詞を，子どもたちに正確に伝えることが大切です。日本音階のよさも大切に，丁寧に歌詞を歌いましょう。

子どもたちの制作したひな飾りの前で歌うのも，幼児期ならではの体験です。子どもの育ちに加えておきたい行事の一つです。

やってみよう！

色粘土でおひなさまをつくりましょう。

おひなさまをつくろう!!
色粘土は、紙粘土に
絵の具を入れてつくる
ペタ
ペタ
コネ
コネ
色画用紙
空容器の芯
色粘土を
芯材料にくっつける
台はコースター等

伴奏のポイント

スタッカート，テヌート，レガートはメリハリをつけてはっきりと弾き分けましょう。前奏などに出てくる，８分休符から８分音符に行く組み合わせのリズムは，長さを正確に弾きましょう。

難易度 ★★

58

早春

ドキドキドン！いちねんせい

伊藤　アキラ　作詞
桜井　順　作曲
SARAの会　編曲

♩=126
f
mp
B♭ F B♭ F B♭
mf
1. サクラさいたら　いちねんせい　ひとりで　いけるかな
2. チョウチョとんだら　いちねんせい　カバンは　おもいかな
3. ヒバリないたら　いちねんせい　ぼうしは　にあうかな
F B♭ F B♭
となりにすわるこ　いいこかな　ともだちに　なれるかな
ねむたくなったら　どうしよう　きゅうしょくは　うまいかな
あめのひかぜのひ　へいきかな　べんきょうも　するのかな
Gm Dm Gm
mp
p
だれでもさいしょは　いちねんせい　(いちねんせい)
みんなもおんなじ　いちねんせい　(いちねんせい)
しんぞうおさえて　いちねんせい　(いちねんせい)
ドキドキするけど

C
F
B♭
ドンといけ
ドキドキドン
いちねんせい
1.2.
ドキドキドン
いちねんせい
3.
いらねんせい

ドキドキドン！いちねんせい

伊藤アキラ 作詞／桜井順 作曲／SARA の会 編曲

保育で役立つ！活動場面＆ポイント

保育修了式などでもよく歌われる歌で，一年生になる前のドキドキ感を歌っています。喜びと小さな不安が入り混じっていますが，幼児期ならではの心境が表れています。期待を持たせて元気に歌いましょう。

小学校への入学の緊張を抱かせないように，夢を広げてあげましょう。気合いが入りすぎて，怒鳴り声にならないように気をつけましょう。

やってみよう！

ランドセルをつくりましょう（5歳児の制作）。

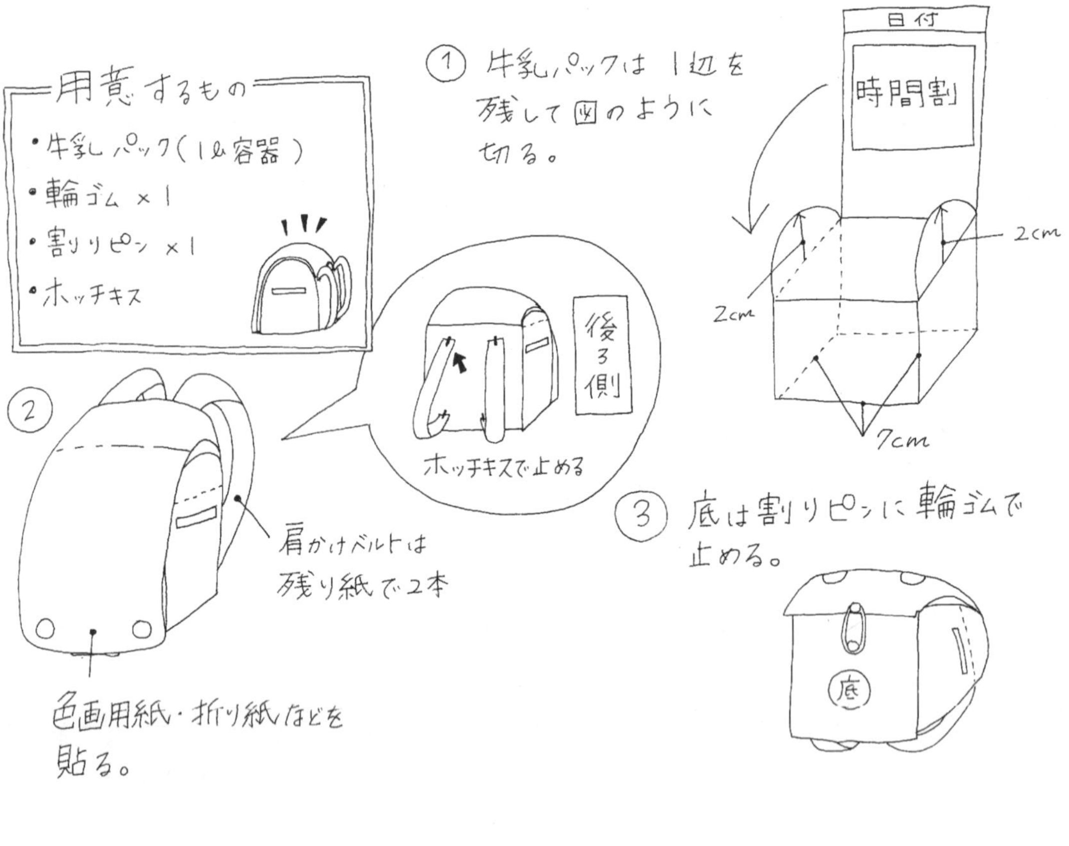

用意するもの
・牛乳パック（1ℓ容器）
・輪ゴム ×1
・割りピン ×1
・ホッチキス
① 牛乳パックは 1辺を残して図のように切る。
日付
時間割
2cm
2cm
7cm
後ろ側
ホッチキスで止める
②
肩かけベルトは残り紙で2本
色画用紙・折り紙などを貼る。
③ 底は割りピンに輪ゴムで止める。
底

伴奏のポイント

ビートを常に正確に打っていてほしい曲です。4拍目で右手が16分音符4個を弾いた後は，次の1拍目の頭が遅れないようにしましょう。左右の音のバランスもよく聞いて弾きましょう。

難易度
★★

いちねんせいになったら

まど・みちお　作詞
山本　直純　作曲

Allegretto
F　Dm　Gm　C　F　Dm　Gm　C　F　Dm
1.いちねんせいに　なったら　いちねんせいに　なったら　ともだちひゃくにん
2.いちねんせいに　なったら　いちねんせいに　なったら　ともだちひゃくにん
3.いちねんせいに　なったら　いちねんせいに　なったら　ともだちひゃくにん
(3番のとき)
Gm　C　F　Dm　Gm　C　F　Dm　Gm　C
できるかな　ひゃーくにんーで　たべたいな　ふじさんのうえで　おにぎりを
できるかな　ひゃーくにんーで　かけたいな　にっぽんじゅうを　ひとまわり
できるかな　ひゃーくにんーで　わらいたい　せかーいじゅうを　ふるわせて
F　Dm　Gm C　F
1.2.　3.
ぱっくんぱっくん　ぱっくんと
どっしんどっしん　どっしんと
わっははわっはは　わっはは
rit.

保育で役立つ！一言アドバイス

「♪ひゃくにんで　たべたいな」「♪かけたいな」「♪わらいたい」の箇所は，それぞれの表現をしながら歌いましょう。自分のお友達を描いて，クラス全員分の絵を集合させましょう。

伴奏のポイント

フレーズの中での強弱も丁寧につけながら，歌がもっとも盛り上がるところを考えて，曲をデザインしましょう。

難易度 ★★

おもいでのアルバム

増子　とし　作詞
本多　鉄麿　作曲
SARAの会　編曲

なつかしく ♩.=54
mf
C F C
mf
1. いつのことだか
2. はるのことです
3. なつのことです
4. あきのことです
5. ふゆのことです
6. ふゆのことです
7. いちねんじゅうを
おもいだしてごらん
mp
G7 C G7 C
あんなこと こんなこと あったでしょう ー

cresc.
1. うれしかったこと おもしろかったこと いつになーっても わーすれないー
2. ぽかぽかおにわで なかよくあそんだ きれいなはなも さーいていたー
3. むぎわらぼうしで みんなはだかんぼ おふねもみたよ すーなやまもー
4. どんぐりやまの ハイキングラララ あかいはーっぱも とーんでいたー
5. もみのきかざって メリークリスマス サンタのおじいさん わーらーってたー
6. さむいゆきのひ あったかいへやで たのしいはなし きーきましたー
7. もものおはなも きれいにさいて もうすぐみんなは いーちねんせい
1.2.3.4.5.
6.
D.S.

保育で役立つ！一言アドバイス

春夏秋冬の歌詞は，それぞれの園の行事の内容に沿ったものに歌詞を変えて歌うこともできます。保護者の方々と一緒に歌うところもあると，修了式の雰囲気が盛り上がります。またお別れ会などで，修了児の入場の曲としても使えます。

伴奏のポイント

バラード風のアレンジの曲で，右手の旋律をしみじみ歌わせながらも，曲の盛り上がりを考えて，全体の強弱の設計をしましょう。左右の音量のバランスにも気をつけましょう。

難易度
★★

さよならぼくたちのほいくえん

新沢　としひこ　作詞
島筒　英　夫　作曲
ＳＡＲＡの会　編曲

感動して ♩=92
mf
1.たくさ
G Em Bm
ん のまいにちを ここですごしてきたね ー な
ん のまいにちを うれ
C D Bm Em C A7 D
んど わらって なんど ないて なんど かぜをひいて たくさ
しい こと も かなしい こと も きっと わすーれない

G Em Bm
ん のともだちと ここであ そんできたね ー
どみ
C D Bm Em C A7 D
こではしって どこでころんで どこでけんかをして ー
ずーあそびも ゆきーだるまも ずっとわすーれない ー
G C G C G C G D
さよならぼくたちの ほいくえん ぼくた ちのあそんだにわ ー

G C G C G C D
to Φ
さくらのはなーびら ふるころは
このつぎあそーびに くるときは
ランドセルの ーいちねん
(セーニョに戻ったときは１番の歌詞で)
1. 2.
せい 2.たくさ せい
Φ Coda
せい
mf
D.S.
mp
rit.
p

保育で役立つ！一言アドバイス

初めての集団生活とのお別れの歌です。前半の歌詞は思い出深く，終わりの「♪ランドセルのいちねんせい！」は，元気な声ではじけましょう。

column 7

歌詞の力は無限大！

「ちょうちょう」「むすんでひらいて」「かたつむり」「もみじ」「お正月」など，幼児の歌の中には，歌詞の言葉は変わりながらも，明治時代から歌い継がれている歌が数多く存在しています。このことを，保育を学ぶ学生さんなどに話しますと，たいていびっくりします。小さい頃に歌っていたあの歌は，明治時代から歌われていたなんて……。

以前私は，子どもの歌の歌詞に使われている言葉について研究したことがあります。Amazonのウェブサイトで“幼児”“保育”“歌”をキーワードにヒットし，かつ2001年から2007年の間に発刊した10冊の楽譜集で重複した歌を調べてみると，10冊中８冊で重複した19曲のうち，６曲は戦前，10曲は戦後から1965年までの曲であったのに対し，1965年以降の曲は３曲のみ。1990年以降になると３冊の重なりのあったのが１曲，２冊の重なりが６曲でした。このことから，新しい歌がいかに定着しにくいかが分かります。

このような歌の定着化には，子どもの声に適した音の高さや音程，リズム，使われている音階など，旋律の歌いやすさにも要因があると考えられますが，先の10冊で重なった歌を，歌詞からみていくと，扱われているテーマ，使われている言葉も影響しているように思われます。特に戦前の歌では，日本の四季や自然を扱ったものが多く，日本人的な情緒を，歌を媒介として伝えていきたい，という暗黙の意図があるように感じます。また歌詞に出てくる言葉の出現頻度は，満１歳から満５歳までの幼児の言葉の使用頻度と，弱いながらも相関関係が認められ，言語発達的にもマッチしていると考えられます。そのほか，「いい」「楽しい」「好き」「うれしい」「かわいい」「きれい」「できる」等の肯定的な評価，情緒的に快の意を示す語も多く出現しています。幼児にとって，情緒的に快の意を示す語は，不快の意を示す語より理解度が高いと言われ，歌詞が認知的な嗜好性を育てる言語的な環境の一つになっているとも考えられます。

一方，定着しない新しい歌の歌詞は，音楽面，特にリズムの発達に有効な場合があります。一般的に歌の旋律は，言葉の抑揚や言葉のまとまりに即しているのがよいとされますが，新しい歌では，言葉の区切りが音楽の区切りと一致しなかったり，言葉の最初がリズムパターンの始まりでないところにあったり，複数の文字が１音に配分されたりしていることもあります。しかし幼児は，複雑なリズムの旋律であっても，歌詞をつければ上手に歌うことができるという報告もあり，私もその実証に立ち会ったことがあります。歌詞はつまり，子どもの音楽的・言語的な発達環境の一つと言えるでしょう。

また歌詞の中の，オノマトペ（擬音）の音感が単純に楽しかったり，その内容にユーモアがあったり，勇気づけられたりして，歌詞は，その歌が記憶に残っていくためのたくさんの要素を含んでいます。

歌詞が持ついろいろな機能を踏まえて，新たな伝統となっていく歌を，１曲でも多く増やしていくことが望まれます。

伴奏のポイント

初心者が取り組みやすい一曲です。指広げ，指くぐり，指の置き換え，跳躍などが学べます。強弱のメリハリもつけて弾きましょう。

難易度
★★

62

森のくまさん

馬場 祥弘 訳詞
アメリカ民謡
SARAの会 編曲

♩=112
mf
mp
C
G
1.あるー ひ（あるーひ）もりのなか（もりのなか）くまさんに（くまさん
の（くまさんの）いうことにゃ（いうことにゃ）おじょうさん（おじょうさ
が（ところが）くまさんが（くまさんが）あとから（あとか
ん（おじょうさん）おまちなさい（おまちなさい）ちょーっと（ちょーっ
さん（あらくまさん）ありがとう（ありがとう）おれいに（おれい
C
G
C
f
F
に）であった（であった）はなさくもりのみち
ん）おにげなさい（おにげなさい）スタコラサッサッサのサ
ら）ついてくる（ついてくる）トコトコトッコトッコト
と）おとしもの（おとしもの）しろいかいがらの
に）うたいましょう（うたいましょう）ララララララララ
G
C
to Coda
くまさんにであった
スタコラサッサッサのサ
トコトコトッコトッコト
ちいさなイヤリング
ララララララララ
2.くまさん
3.ところ
4.おじょうさま
5.あらくま
Coda

その他

森のくまさん

馬場祥弘 訳詞／アメリカ民謡／SARA の会 編曲

保育で役立つ！活動場面＆ポイント

集会のときに，曲を知らない人でもすぐに歌える曲です。長くみんなに親しまれています。くまさんの親切なお話になっているので，内容も楽しむことができます。

やってみよう！

あそび方① 歌詞が繰り返しになっているので，まねっこで歌いやすい曲です。「♪おれいにうたいましょう」の部分は「♪おれいにおどりましょう」などとかえて，くまさんのかぶりものをかぶって，身体表現をしながら表現あそびへと発展させましょう。

あそび方② 「♪あるひ　もりのなか　○○にであった……」のように，「くまさん」の部分の歌詞をかえて，いろいろな人や動物と出会うようにすると，お話づくりに発展し，表現も豊かになります。

あそび方①

画用紙
くまさんのかぶりもの

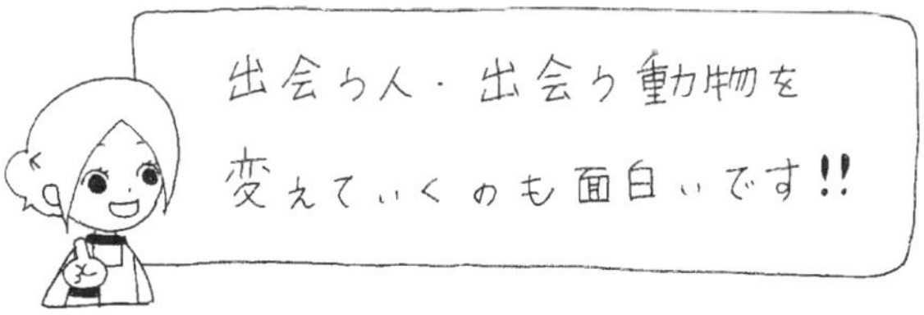
出会う人・出会う動物を
変えていくのも面白いです!!

あそび方②

伴奏のポイント

右手は広い音域で動くので，指使いを守ってください。左手はオクターブの動きですが，音の変わり目を注意すると，同じ手の幅の動きで簡単に弾けます。

難易度 ★★

ふしぎなポケット

まど・みちお 作詞
渡辺　茂 作曲
SARAの会 編曲

♩=112
mf
G
mf
1.ポ ケッ ト の な か に は ビス ケッ ト が ひ と つ
2.も ひ と つ た た く と ビス ケッ ト は み っ つ
D7
G
ポ ケッ ト を た た く と ビス ケッ ト は ふ た つ
た た い て み る た び ビス ケッ ト は ふ え る

ゆっくり
G
p
そ ん な ふ し ぎ な ポ ケッ ト が ほ し い

Am
D7
G
そ ん な ふ し ぎ な ポ ケッ ト が ほ し い

もとの速さで
f

ふしぎなポケット　まど・みちお 作詞／渡辺茂 作曲／SARAの会 編曲

保育で役立つ！活動場面＆ポイント

ポケットから何が出てくるのか，興味を持って歌いましょう。ふしぎな世界がポケットの中に見つかるかもしれませんね。「♪ポケットをたたくと……」の歌詞のところは，振付をしてたたいてみましょう。大きなエプロンにポケットをつけて，中からいろいろなものを出して歌ってみるのもいいですね。

やってみよう！

ポケットづくりを楽しい制作に発展させましょう（３歳から可能）。

クラス全員でウォールポケットをつくります。不織布でポケットの大きさを決めて，両面テープまたはボンドで台紙に貼りましょう。あらかじめ自分のポケットにペンで模様をつけると，よく分かります。マイポケットには自分の好きなものを入れてみましょう。お手紙を入れて，保育者と子どもでメッセージの交換をすることもできますね。

不織布
きい
ペンでポケットに模様を付けると
自分のだとよく分かります!!
フラップ
折り返し
せんせいへ

伴奏のポイント

ぎこちない人形の動きを想像しながら，フレーズをきれいにまとめすぎないように，弾いてみましょう。

難易度 ★★

おもちゃのマーチ

海野　厚　作詞
小田島　樹人　作曲
SARAの会　編曲

♩=120
mf
F
1.やっとこ やっとこ くりだした おもちゃのマーチが
2.やっとこ やっとこ ひとまわり きゅーぴも ぽっぽも
らったった にんぎょうの へいたい せいぞろい
らったった フランス にんぎょうも とびだして
B♭ C
おうまも こいぬも らったった
ふえふきや たいこが ぱんぱらぱん

保育で役立つ！一言アドバイス

年少児向きの器楽合奏の曲です。分担奏の区切りも分かりやすく，楽器の組み合わせも楽しめます。「♪やっとこ　やっとこ」の歌いだしがユーモアたっぷりです。

伴奏のポイント

マーチなので右手のリズムはだれないで，きりっと弾きましょう。左手の指使いにも気をつけて。

難易度
★★

ミッキーマウスマーチ

Words and Music
by Jimmie Dodd
漣　健児　日本語詞

♩=112
F
1.ぼ く ら の
2.つ よ く て
G C F C
ク ラブ の リ ーダ ー は
あ かる い に んき も の
ミッ キーマウス ミッ キーマウス ミッキーミッ キー
1. F
マウス
2. F
マウス ミッ キー マウス
B♭ F
ミッ キーマウス
さあ

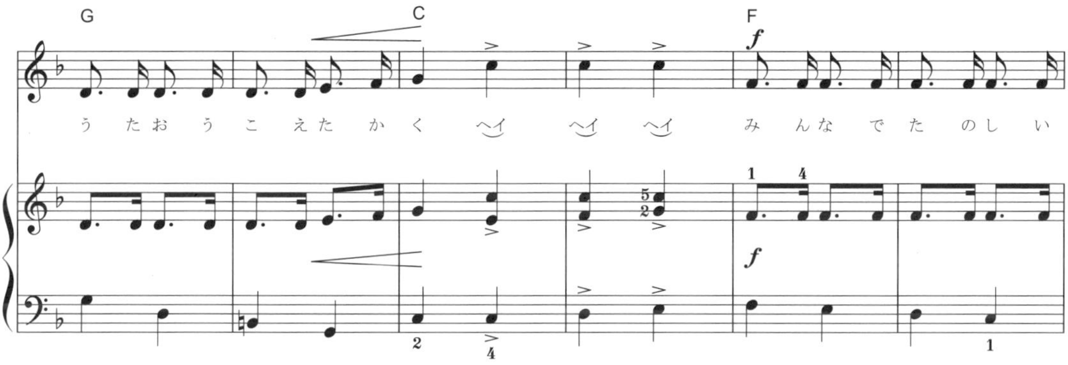
G C F
うたおう こえたかく ヘイ ヘイ ヘイ みんなでたのしい

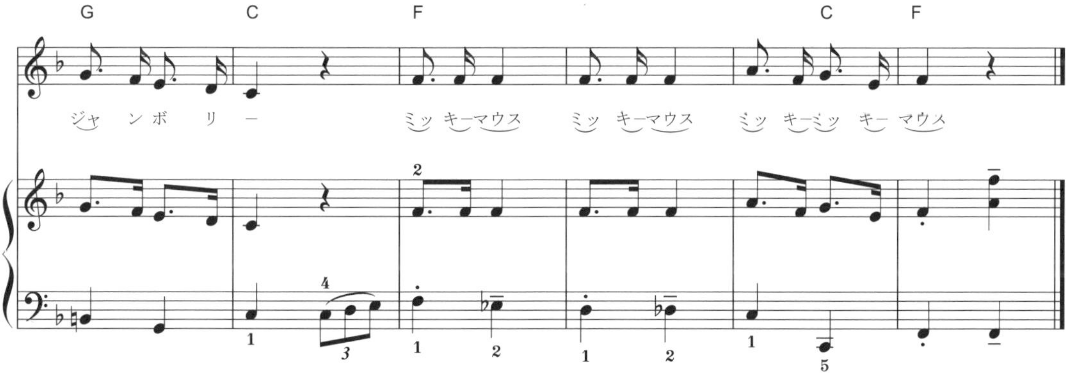
G C F C F
ジャンボリー ミッキーマウス ミッキーマウス ミッキーミッキーマウス

保育で役立つ！一言アドバイス

マーチのリズムをいろいろ変化させて身体表現を楽しみましょう。ディズニーのメドレーの中でも子どもたちがよく知っている曲です。生活の中での合図の曲としても使ってみましょう。

伴奏のポイント

たえまない左手の足音を聞きながら弾きましょう。スキップのリズムが多いことが特徴になっていますが，16分音符は次の音にかかるように弾きましょう。

難易度 ★★

さんぽ

中川　李枝子　作詞
久石　　譲　　作曲
ＳＡＲＡの会　編曲

♩=108
C G7 C Am G
1.2.3.あ る こう あ る こう わ た し は げ ん き
F Em F G C
あ る く の ー だ い す き ど ん ど ん い こ う
Fm C Fm C
さ か み ち ー ト ン ネ ル ー く さ っ ぱ ら ー
み つ ば ち ー ぶ ん ぶ ん ー は な ば た け ー
き つ ね も ー た ぬ き も ー で て お い で ー

Am Em F D G
いっぽんばしにー でこぼこじゃりみち
ひなたにとかげー へびはひるね
たんけんしようー はやしのおくまで
C Em F G 1.2. C
mf
くものすくぐってー くだりみち
ばったがとんーでー まがりみち
ともだちたくさんー うれしい
1.2.
3. C
なー
3.
f

保育で役立つ！
一言アドバイス

アニメ映画「となりのトトロ」のオープニング曲です。曲が流れると子どもたちは歩き出すでしょう。たくさんの動物や友達と散歩する楽しいマーチです。古封筒に詰め物をして，ちっちゃなトトロをつくってみましょう。

伴奏のポイント

ベースの音が１音ずつさがっていくコード進行の曲です。何度も繰り返される旋律の中で，伴奏の形を変化させて弾くことにもチャレンジしてみてください。

難易度 ★★

いつも何度でも

覚　和歌子 作詞
木村　弓　作曲
SARAの会 編曲

Allegro ♩=120
mp
F C Dm
1. よん で い る む ね の ど こ か お く
な ら の と き の し ず か な む
で い る む ね の ど こ か お く
ま り の あ さ の し ず か な ま
Am B♭ F Gm C
で い ー つ も こ こ ろ お ど る ゆ め を み た い か な
ね ぜ ロ に な る か ら だ が み み を す ま せ る い き
で い ー つ も な ー ん ど で も ゆ め を え が こう か な
ど ぜ ロ に な る か ら だ み ー た さ れ て ゆ け う み
F C Dm Am
1.2.3.
B♭
し み は か ぞ え き れ な い け れ ど そ の む こ う
て い る ふ し ぎ しん で い く ふ し ぎ は な も か ぜ
し み の か ず を いい つ ー く す よ り お な じ く ち
の か な た に は もう さ ー が さ な い か

F C7 F mf
できっとあなたにあえる くりかえす
もまちもみんなおなじ ララララララ
びるでそーっとうたおう とじてゆく
C Dm Am Dm B♭
あやまちのそのたびひーとはただあおいそらの
ララララララララララララララララララララ
おもいでのそのなかにいつもわすれたくないさ
G C F C Dm
あおさをしる はてしなくみちはつづいてみ
ララララララ ホホホホホホホホホホルルル
さやきをきく こなごなにくだかれたかがみ
Am B♭ F C7 F
えーるけれどこのりょうてはひかりをいだける
ルルルルルルルルルルルルルルルルルルルル
のーうえにもあたらしいけしきがうつされる

mp
4.
B♭ F
2.さ よ
3.よ ん
4.は じ
が や く も の は い
B♭ F B♭ F C7
つ も こ こ に わ た し の な ー か に み つ け ら れ た か
F
mf
ら ー ラ ラ
F C Dm Am Dm
ラ ラ ラ ラ ラ ラ ラ ラ ラ ラ ラ ラ ラ ラ ラ ラ ラ ラ ラ ラ

保育で役立つ！一言アドバイス

アニメ映画「千と千尋の神隠し」のテーマ曲です。物語の内容とともに美しく流れる曲にも心がひかれます。メロディーの美しさは，オルゴールなどでも鑑賞してみましょう。

伴奏のポイント

スキップのリズムが特徴的な旋律です。16分音符は次の音にかかるように弾きましょう。左手の4分音符も正確な長さで刻みましょう。

難易度 ★★

どんな色がすき

坂田 修 作詞・作曲
SARAの会 編曲

♩=126
G
mf
1.どんないろがすき あか あかいいろ がす
2.どんないろがすき あお あおいいろ がす
3.どんないろがすき きいろ きいろいいろがす
f
D C G Am D
1.2. G
3. G
き いちばんさきに なくなるよ あかいクレヨン
き いちばんさきに なくなるよ あおいクレヨン
き いちばんさきに なくなるよ きいろいクレヨ ン
G
どんないろがすき みどり

D C G Am D G
みどりいろがすき いちばんさきに なくなるよ みどりのクレヨン
C D7 G C
いろ いろ いろ いろ いろんないろがある―― いろ いろ いろ いろ
D7 G A♭ E♭
いろんないろがある どんないろがすき ぜんぶ ぜんぶのいろがすき
f
D♭ C7 Fm B♭m E♭ A♭ D♭ E♭ A♭
みんないっしょに なくなるよ ぜんぶのクレヨン ぜんぶのクレヨン
ff

保育で役立つ！一言アドバイス

保育者が，パネルシアターで色のクレヨンを示しながら歌うと，曲全体のイメージが伝わります。子どもたちは，自分の好きな色をパネルにくっつけて歌うこともできます。

伴奏のポイント

たえまなく続く左手の４分音符は，タイトルのコンセプトを表しています。正確に音の長さを保ちましょう。

難易度 ★★

線路はつづくよどこまでも

佐木　敏　作詞
アメリカ民謡
SARAの会　編曲

力強く ♩=120
G C G A D D7 G C Cm G
mp f
1.せ ん ろ は つ づ く よ ど こ ま で も の を こ え や ま こ え た に こ え て は る か な ま ち ま で ぼ く た ち の
2.せ ん ろ は う た う よ い つ ま で も れ っしゃ の ひ び き を お い か け て リ ズ ム に あ わ せ て ぼ く た ち も

C G D G
たのしいたびの ゆめ つないでる
たのしいたびの うた うたおうよ
G C D7 G
ラン ララン ラ ラン ラ ラン ララン ラ ラン ラ ラン ララン ララン ラン ラン ラン ラン
mf
C D7 G
ラン ララン ラ ラン ラ ラン ララン ラ ラン ラ ラン ラ ラン ララン ラン ラン

保育で役立つ！一言アドバイス

床に貼った新聞紙の線路の上を，曲に合わせて動きましょう。ゆっくり，速くなど，スピードも工夫して変化をつけるとおもしろいでしょう。発車の合図は笛が役立ちます。

伴奏のポイント

初心者が取り組みやすい一曲です。右手は音階の練習になりますが，親指をくぐらせた後の音にアクセントがつかないようにしましょう。短い後奏の中の3連符で，テンポが遅くならないようにしましょう。

難易度 ★★

すうじの歌

夢　虹二　作詞
小谷　肇　作曲
SARAの会　編曲

♩=104
mf
C
F
C
1. すうじのいちはなあに
2. すうじのにーはなあに
3. すうじのさんはなあに
4. すうじのしーはなあに
5. すうじのごーはなあに
6. すうじのろくはなあに
7. すうじのしちはなあに
8. すうじのはちはなあに
9. すうじのきゅうはなあに
10. すうじのじゅうはなあに
G
C
1. こうばのえんとーつ
2. おいけのがちょーう
3. あかちゃんのおみーみ
4. かかしのゆみーや
5. おうちのかぎーよ
6. たぬきのおなーか
7. こわれたラーッパ
8. たーなのだるーま
9. おーたまじゃくーし
10. えんとつとおつきさま

保育で役立つ！一言アドバイス

最初に保育者が，歌いながら黒板に数字を書くと楽しい絵あそびになります。数字を形から歌で覚えるとイメージしやすく，歌いながら，書きながら，数字に興味を持つことに役立つでしょう。

伴奏のポイント

大きなたいこ，小さなたいこの音の大きさや音の質の違いを表すように，音の強弱のメリハリをはっきりとつけて弾きましょう。

難易度 ★★

おおきなたいこ

小林　純一　作詞
中田　喜直　作曲
SARAの会　編曲

♩=56
F
おおきなたいこ　ドーン　ドーン
C
ちいさなたいこ　トン　トン　トン
B♭　F　C
おおきなたいこ　ちいさなたいこ
F
ドーン　ドーン　トン　トン　トン

保育で役立つ！一言アドバイス

大きい太鼓は大きい音，小さい太鼓は小さい音と，形と音の比較が理解できるでしょう。ゆったりと２拍子で歌いましょう。楽器を使って，メリハリのついた演奏ができます。

column 8

「きらきら星」が七変化！身体表現の伴奏法

ここでは，身体表現だけでなく，音楽ゲーム，楽器遊びの導入等，さまざまな保育に応用できる「きらきら星」（フランス民謡）の変奏をいくつかご紹介しましょう。

1．歩く ふつうのきらきら星

特に身体表現の場合，先生は子どもの動きをみながら声かけすることがとても大切です。ですから，鍵盤《けんばん》を見ずに暗譜で弾けるようになるまで練習しましょう。左手が難しい場合は，p.67のようにコードの根音を４分音符で弾く，または２分音符，全音符で弾くとさらに簡易になります。

ゆっくり歩かせたい場合は，テンポを遅くして１オクターブ低く弾くとよいでしょう。

そのときは，「あ，ぞうさんも歩いているよ」などの言葉をかけてみましょう。

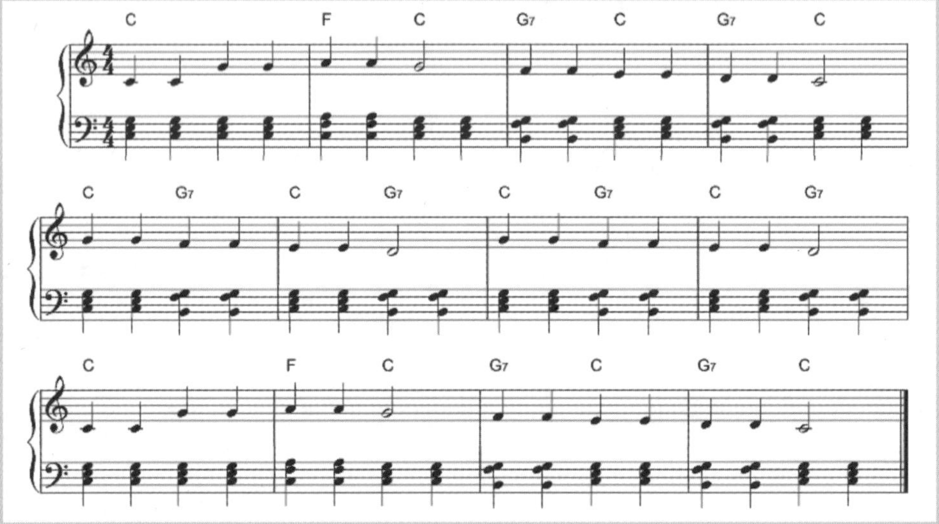

2．走る 8分音符のきらきら星

右手を８分音符にして弾きます。テンポも歩くより速くしましょう。さらに速く走るときは，もっとテンポを速くしたり，１オクターブ上で弾いてみましょう。

3. スキップ 付点音符のきらきら星

右手を付点音符にして弾きます。これもオクターブ上で弾くと，また感じが変わります。

4. ゆれる感じ 8分の6拍子のきらきら星

ここではコードネームを付しません。

左手の楽譜をよく見て自分で考えてみて下さい。8分の6拍子特有のノリ（3拍子ではなく2拍子）を感じながら弾きましょう。

5. 短調 同主調（ハ短調）のきらきら星

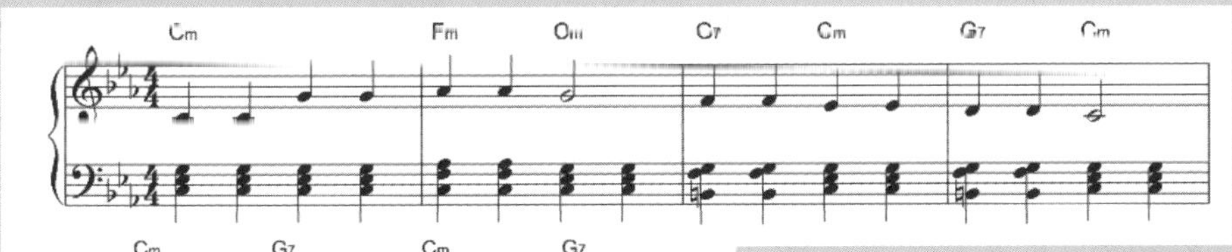

身体表現のためのピアノ術４つのコツ

① 弾きながら子どもを見て言葉をかける
② 立って弾けるようになる
③ 他の変奏にすぐうつることができる
④ 転んだりジャンプしたりするときの音をクラスター弾き注1) で入れる

注1）隣り合った音をまとめて同時に響かせたものをクラスターといいます。手のひらや，こぶしで弾いてみましょう。

伴奏のポイント

左手の音は右手よりきかせて。右手と歌，左手と歌の組み合わせでも練習しましょう。のんびりとした感じが出るように。

難易度
★★

おんまはみんな

中山　知子　作詞
ア　メ　リ　カ　曲
越部　信義　編曲

Allegretto ♩=116
mp
F C F
mf
1.おんま はみんな パッパカ はしる パッパカ はしる パッパカ はしる
2.こぶた のしっぽ ちょんぼり ちょろり ちょんぼり ちょろり ちょんぼり ちょろり
mp
C F
おんま はみんな パッパカ はしる どうして は しる
こぶた のしっぽ ちょんぼり ちょろり どうして ちょ ろり
B♭ F Gm F C7
mf mp mf
1.2.どうしてな のか だれもし らない だけど
8va

F
C
F
おんまはみんな　パッパカはしる　パッパカはしる　パッパカはしる
こぶたのしっぽ　ちょんぼりちょろり　ちょんぼりちょろり　ちょんぼりちょろり
mf
mp
Gm
C
F
C7
F
おんまはみんな　パッパカはしる　おもしろいね
こぶたのしっぽ　ちょんぼりちょろり　おもしろいね
mp

保育で役立つ！一言アドバイス

前半は，スキップで。「♪どうしてなのか～」は，腕を組み考える。「♪だけど～おもしろいね」の後半は，前半と同じスキップで身体表現を楽しみましょう。

伴奏のポイント

アフタービートの曲なので，右手は軽く，左手をきかせて。ときどき出てくるミニシンコペーションと，それに続く２つの８分音符にアクセントをつけて，ダレないようにきりっと曲を引き締めましょう。

難易度
★★

アイアイ

相田　裕美　作詞
宇野　誠一郎　作曲

Moderato ♩=92
f
C
mf
Dm
1. アーイ　アイ　(アーイ　アイ)　アーイ　アイ　(アーイ　アイ)
2. アーイ　アイ　(アーイ　アイ)　アーイ　アイ　(アーイ　アイ)
mf
G　C　G　C
お　さ　る　さ　ー　ん　だ　よ　アーイ　アイ　(アーイ　アイ)
お　さ　る　さ　ー　ん　だ　ね　アーイ　アイ　(アーイ　アイ)
F　G　C
アーイ　アイ　(アーイ　アイ)　み　な　み　の　し　ま　ー　の
アーイ　アイ　(アーイ　アイ)　き　の　は　の　お　う　ー　ち

F Fm C D
アイ アイ (アイ アイ) アイ アイ (アイ アイ) し ーっ ぽ の な が
アイ アイ (アイ アイ) アイ アイ (アイ アイ) お め め の ま る
G C Dm
い アーイ アイ (アーイ アイ) アーイ アイ (アーイ アイ)
い アーイ アイ (アーイ アイ) アーイ アイ (アーイ アイ)
G C
お さ る さ ん だ よ
お さ る さ ん だ ね
mf
f

保育で役立つ！一言アドバイス

おさるさんのペープサートを持って歌うと楽しいでしょう。しっぽと手足をブラブラさせながら，おさるさんになりましょう。アイアイのかけ声とともに，身体表現を加えてみんなで楽しく踊りましょう。

伴奏のポイント

右手では４和音も出てきますが，アフタービートの曲なので，ベースをきかせて弾きましょう。

難易度
★★

たのしいね

山内　佳鶴子　作詞
寺島　尚彦　作曲

あかるく
mp
F
B♭
C7
F
mf
1.た　のしい－ね　(手拍子)　りょうて　をあわすと　(手拍子)
2.た　のしい－ね　(ラララン)　くーち　をあけると　(ラララン)
mf
B♭
C7
F
た　のしい－ね　(手拍子)　パチン　とおとがする　(手拍子)
た　のしい－ね　(ラララン)　いろん　なこえがする　(ラララン)

Gm C7 F B♭
f
あなたのみぎて わたしのひだりて あわせてみよう (ほらね)
あなたのこえと わたしのこえと あわせてみよう (ほらね)
D7 Gm D7 Gm C F Gm F
ぐっとすてきな おとがする ぐっとあかるい おとがする
ぐっとすてきな うたになる ぐっとあかるい うたになる
1. C7 F
おとがする
2. C7 F
うたになる (ヘイ)

保育で役立つ！一言アドバイス

集会の場で歌うと，雰囲気を和ませてくれる明るい曲です。一緒に手拍子，足ぶみなどを交えて，みんなで動きを楽しむことができます。

伴奏のポイント

左手の動きがゆりかごのゆれを表しています。２拍目はそっと，休符を大事に感じて弾きましょう。

難易度 ★★

ゆりかごの歌

北原　白秋　作詞
草川　信　作曲

やわらかに ♩=(44~48)
mp
F　C　B♭　F　C
F　C7　F
1.ゆりかごの うたを カナリヤが うたうよ
2.ゆりかごの うえに びわのみが ゆれるよ
3.ゆりかごの つなを きねずみが ゆするよ
4.ゆりかごの ゆめに きいろいつきが かかるよ
ねんねこー ねんねこ ねんねこよ

保育で役立つ！一言アドバイス

保育者が歌って子どもたちに聞かせたり，お母さんたちのコーラスでもよく聞かれます。「♪ねんねこ　ねんねこ　ねんねこよ」の部分が繰り返されています。ゆったりと心を込めて歌いましょう。

伴奏のポイント

スタッカート，レガートのスラーなどの弾き分けをして，表情をつけましょう。わらべうた風のエンディング，余韻を楽しんで。

難易度
★★

かわいいかくれんぼ

サトウ　ハチロー　作詞
中　田　喜　直　　作曲

かわいらしく ♩=104
1.ひよこがね　おにわで　ぴよこ　ぴよこ　かくれんぼ　どんなに　じょうずに　かくれても　さいろい　あんよが　みえてるよ　だんだん　だれが　めっかった　ー
2.すずめがね　おやねで　ちょんちょん　かくれんぼ　どんなに　じょうずに　かくれても　ちゃいろの　ぼうしが　みえてるよ　だんだん　だれが　めっかった　ー
3.こいぬがね　のはらで　よちよち　かくれんぼ　どんなに　じょうずに　かくれても　かわいい　しっぽが　みえてるよ　だんだん　だれが　めっかった　ー
F C Dm B♭ Gm C7
cresc. dim. poco rit.

保育で役立つ！一言アドバイス

曲の中に登場するものになって，身体表現をしながら歌いましょう。室内に隠れる場所をつくっておくと楽しいでしょう。「♪だーれがめっかった」のところは，目を閉じて開けるなど，かくれんぼのつもりになりましょう。

伴奏のポイント

アフタービートの右手は常に軽く弾きましょう。最後の段の2小節，2分音符を保留しながら弾く右手のスキップのリズムは，重くならないようにしましょう。

難易度 ★★

カレンダーマーチ

井出　隆夫　作詞
福田　和禾子　作曲

明るくはぎれよく ♩=132
mf
D
Em
mp
1.いちがついっぱい ゆきよふれ にがつのにわには ふくじゅそう
2.ごがつだごらんよ こいのぼり ろくがつろーかに てるてるぼーず
3.くがつにくりのみ もうあきだ じゅうがつじゅうごや おつきさま
A
さんがつさむさに さようなら しがつにしょうがく いちねんせい
しちがつしようよ みずあそび はちがつハアハア あああつい
じゅういちがつじゅんびだ ふゆがくる じゅうにがつジングルベル クリスマス
カ

Em A to Coda
mf
レン カレン カ レ ン ダー マ ー チ い ち ね ん たっ た ら ま た お ー い
mf

Coda
D D
で ー で ー

保育で役立つ！一言アドバイス

新しい年への思いを込めて，一年を思い出して歌いましょう。12か月にあった出来事を，グループで絵のカレンダーにして思い出をまとめるのも楽しいでしょう。

伴奏のポイント

右手のスキップのリズムが崩れると歌も連動して崩れます。スキップのリズムのあとの16分音符が前倒しにならないよう，次の音にかかるように弾きましょう。最後から３小節目の歌と右手の４分休符，正確に休みましょう。

難易度 ★★

おなかのへるうた

阪田　寛夫　作詞
大中　　恩　作曲

ユーモラスに ♩=112
D Em
1.どうしておなかがへるのかな けんかをすると
2.どうしておなかがへるのかな おやつをたべないと
D Bm B7
へるのかな なかよくしててもへるもんなー
へるのかな いーくらたべてもへるもんなー
G D A7 D Em Gm A7 D
かあちゃん かあちゃん おなかとせなかがくっつくぞ
かあちゃん かあちゃん おなかとせなかがくっつくぞ

保育で役立つ！一言アドバイス

「♪かあちゃん　かあちゃん」「♪おなかとせなかがくっつくぞ」の箇所は，それぞれ話し言葉でユーモアたっぷりに動作をつけて歌いましょう。

伴奏のポイント

前奏，左手の始まりから「ぞうさん　ぞうさん」と始まっています。ゆったりと歌うイメージで弾きましょう。

難易度
★★

ぞうさん

まど・みちお　作詞
團　伊玖磨　作曲

ゆったりと
mf
F
C
1.ぞ う さん ぞ う さん お は な が な が い の ね
2.ぞ う さん ぞ う さん だ ー れ が す き な ー の
F
G
C7
F
そ う よ か あ さん も な が い の よ
あ の ね か あ さん が す き な の よ

保育で役立つ！
一言アドバイス

ぞうの親子の愛情が伝わってくる優しい歌です。親と子に分かれて，問いかけと返歌に分かれて歌うと楽しいでしょう。

伴奏のポイント

スタッカートとスラー，強弱，弾むように軽やかに弾くところと流れるように弾くところのメリハリをはっきりつけて弾きましょう。

難易度
★★

いぬのおまわりさん

佐藤　義美 作詞
大中　恩 作曲

♩=104
1.ま い ご の ま い ご の こ ね こ ちゃ ん
2.ま い ご の ま い ご の こ ね こ ちゃ ん
あ な た の お う ち は ど こ で す か お う ち を きい て も
こ の こ の お う ち は ど こ で す か か ら す に きい て も
わ か ら な い な ま え を きい て も わ か ら な い
わ か ら な い す ず め に きい て も わ か ら な い

A7 Em B
ニャン ニャン ニャンニャーン ニャン ニャン ニャンニャーン な い て ば か り い る
A E7 A D F♯m Bm
こ ね こ ちゃ ん い ぬ の お ま わ り さん
Em D E A7 D
こ まっ て し まっ て ワン ワン ワン ワーン ワン ワン ワン ワーン

保育で役立つ！一言アドバイス

まいごのこねこちゃんは，お家に帰れたのでしょうか。帽子をかぶった犬のおまわりさんが登場すると，一層雰囲気が盛り上がるでしょう。ワンワン，ニャンニャンの鳴き声，仕草をまねながら歌いましょう

伴奏のポイント

左手のビートは正確に刻み，右手よりしっかり音を出しましょう。「♪チャチャチャ」というかけ声のところで弾く右手は，多くの和音をつかみますが，軽く正確な長さ，同じ強さで弾きましょう。

難易度 ★★

おもちゃのチャチャチャ

野坂　昭如　作詞
吉岡　　治　補作
越部　信義　作曲

Cha cha cha やや速めに

C
G7
C
mf
おもちゃのチャチャチャ　おもちゃのチャチャチャ　チャチャチャおもちゃの　チャチャチャ

G7
1. そらにキラキラ　おほしさま　みんなすやすや　ねむるころ
2. なまりのへいたい　トテチテタ　ラッパならして　こんばんは
3. きょうはおもちゃの　おまつりだ　みんなたのしく　うたいましょ
4. そらにさよなら　おほしさま　まどにおひさま　こんにちは

F Em Am G7 C
to Φ
おもちゃははこを とびだして おどるおもちゃの チャチャチャ
フランスにんぎょう すてきでしょ はなのドレスで チャチャチャ
こひつじメェメェ こねこはニャー こぶたブースカ チャチャチャ
おもちゃはかえる おもちゃばこ そしてねむるよ チャチャチャ
(3番のあとのみ演奏)
G7 C
おもちゃのチャチャチャ おもちゃのチャチャチャ チャチャチャおもちゃの チャチャチャ
D.S.
Φ Coda
C C7
1. C 2. C
おもちゃのチャチャチャ おもちゃのチャチャチャ チャチャチャおもちゃの チャチャチャ チャ チャ チャ
gliss.

保育で役立つ！一言アドバイス

身近な素材（ペットボトル，牛乳パック，空き缶など）でつくった「手づくり楽器」で，チャチャチャのリズムを楽しみましょう。登場するおもちゃたちへの思いを育てましょう。

伴奏のポイント

左手にオクターブや和音が出てきますが，複雑な動きは少ないので初級から中級はじめの方にも取り組める一曲です。「♪いいな いいな」のフレーズはハーモニーをよく聞きながら，前後と雰囲気を変えて少し流れるように弾きましょう。

難易度
★★

にんげんっていいな

山口　あかり　作詞
小林　亜星　作曲
SARAの会　編曲

♩=112
G C G Em Am D
1.くまのこみていた かくれんぼ おしりをだしたこ いっとうしょう
2.もぐらがみていた うんどうかい びりっこげんきだ いっとうしょう
G C Cm G D G
1.2.ゆうやけこやけで またあした またあした
Em D C Bm Em
いいな いいな にーんげんって いいな

C Bm A D
1.おいしいおやつに ふかふかごはん こどものかえりを まってるだろな
2.みんなでなかよく ポチャポチャおふろ あったかいふとんで ねむるんだろな
G C G D to Coda 1. G
f
ぼくもかえろ おうちへかえろ でんでんでんぐりがえって バイバイバイ
2. G Em mp
バイバイバイ いいな
D.S.
Coda G
バイバイバイ

保育で役立つ！一言アドバイス

テレビの映像とともによく知られている曲です。マーチとしても，使われます。ストーリーがある曲なので，歌詞の内容を，みんなで長い紙に描くのも楽しいでしょう。

伴奏のポイント

スタッカートとスラー，強弱，弾むように軽やかに弾くところと流れるように歌って弾くところのメリハリをはっきりつけて弾きましょう。歌と右手，歌と左手，と分けて練習してください。左右の音量のバランスにも気をつけましょう。

難易度
★★

83

ドロップスのうた

まど・みちお 作詞
大中　恩 作曲

♩=96 ぐらい
mf
D
Em
A
Em
mp
D
F♯
Bm
Em
1.むかし なきむし かみさまが あさやけみて ないて ゆうやけみて ないて まっかな なみだが ぽろん ぽろん きいろい
2.むかし なきむし かみさまが かなしくても ないて うれしくても ないて すっぱい なみだが ぽろん ぽろん あまい

その他

F♯ A mf
なみだが ぽろん ぽろん それが せかいじゅうに
なみだが ぽろん ぽろん それが せかいじゅうに
mf
D Bm Em D A D
ちらばって いまでは ドロップスー
ちらばって いまでは ドロップスー
mp A7 D mf
こどもがなめます ぺろん ぺろん おとなが
こどもがたべます ちゅるん ちゅるん おとなが
mp mf
A7 D
なめます ぺろん ぺろん
たべます ちゅるん ちゅるん
rit.

保育で役立つ！一言アドバイス

色粘土を棒にくっつけて，かわいいドロップスをつくってみましょう。ドロップスの歌が広がってお話が続いていくことでしょう。曲の構成がユニークで，変化が楽しめます。

伴奏のポイント

力強く弾くところと，バラード風に歌わせるところのメリハリをつけて弾いてください。

難易度
★★

勇気100%

松井　五郎　作詞
馬飼野　康二　作曲
ＳＡＲＡの会　編曲

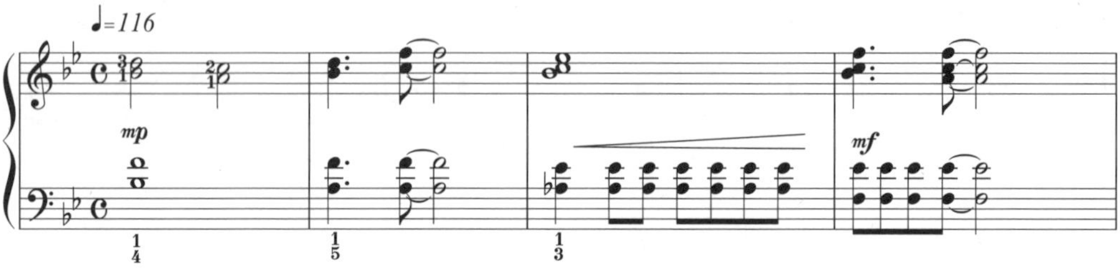
♩=116
mp
mf

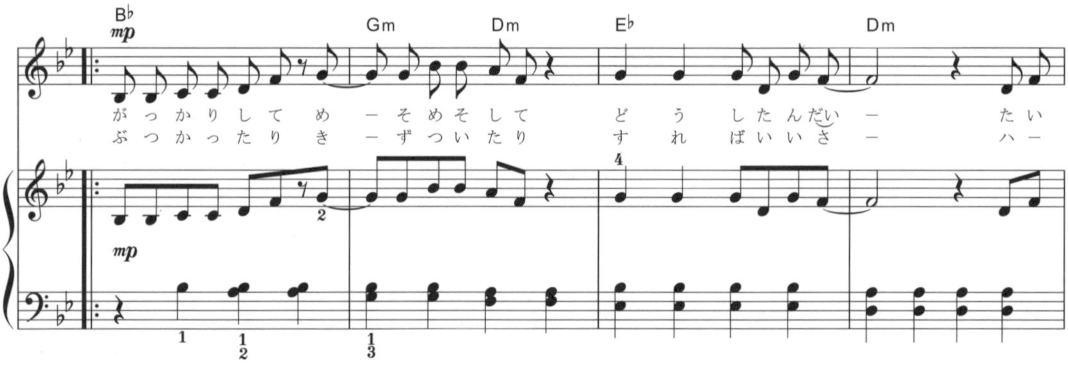
B♭ Gm Dm E♭ Dm
mp
が っ か り し て め ー そ め そ し て ど う し た ん だ い ー た い
ぶ つ か っ た り き ー ず つ い た り す れ ば い い さ ー ハ ー
mp

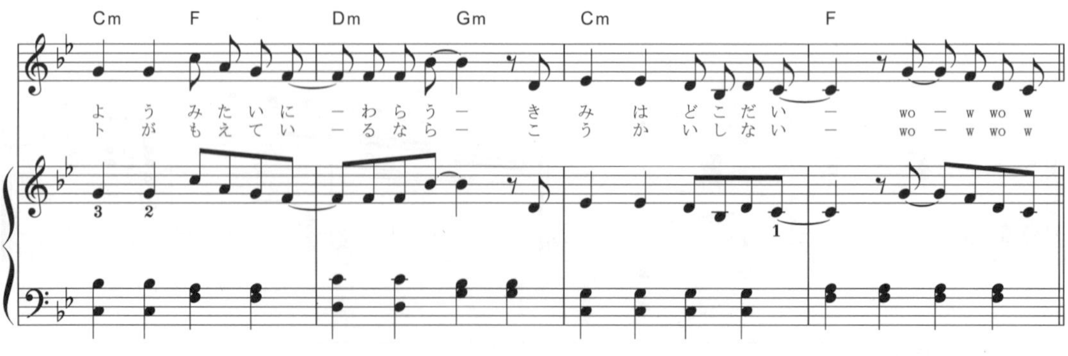
Cm F Dm Gm Cm F
よ う み た い に ー わ ら う ー き み は ど こ だ い ー wo ー w wo w
ト が も え て い ー る な ら ー こ う か い し な い ー wo ー w wo w

B♭ Gm Dm E♭ Dm
やりたいこと やっ ーたもんがち せい しゅんなら ー つら
じっとしてちゃ は ーじまらない この ときめき ー きみ
Cm F Dm Gm Cm D
mf
mp
いときはいつ ーだって ー そば に いる ー から ー ゆめ
とおいかけて ーゆける ー かぜ が すき ー だよ ー きの
Gm Dm D Gm E♭
は でかく なけりゃー つまら ないだろうー むねをたたいて
う とべな かったー そらが あるならー いまあるチャンス
C7 F B♭
f
ぼうけん しようー Hey! Hey! そうさ ひゃくパーセントゆ
つかんで みようー Hey! Hey! そうさ ひゃくパーセントゆ
ひゃくパーセントゆ

F Gm Dm E♭
ーうき もう がんばるし かなーいさ このせ かいーじゅうの
ーうき さあ とびこむし かなーいさ まだな みだーだけで
ーうき もう がんばるし かなーいさ このせ かいーじゅうの
B♭ Cm F B♭
げんき だき しめ ながら ー そうさ ひゃくパーセントゆ
おわる とき じゃな いだろう ー そうさ ひゃくパーセントゆ
げんき だき しめ ながら ー そうさ ひゃくパーセントゆ
F Gm Dm E♭
ーうき もう やりきるし かなーいさ ぼくた ちがーもてる
ーうき もう ふりむいちゃ いけーない ぼくた ちはーぼくた
ーうき もう やりきるし かなーいさ ぼくた ちがーもてる
B♭ Cm F 1. B♭
かがやき えいえんに わすれな いでねー
ちらしく どこまでも かけてゆ
かがやき えいえんに わすれな 1.

2.
B♭ D7 Gm Dm
mp
く の さー たと え さ み し す ぎ る ー
D7 Gm E♭ C7
よ る が き た っ て ー あ た ら し い あ さ か な ら ず
F
く る さ ー Hey! Hey! そう さ
f
D.S.
Coda B♭
い さね ー ー

保育で役立つ！一言アドバイス

テレビ漫画の主題歌で，よく知られています。主人公の強さの秘訣は！！！
歌えば勇気がわいてきます。行進しながら歌いましょう。

伴奏のポイント

アフタービートのところは，右手は軽く，左手をきかせて。やや速めのテンポをキープしてきりっと弾きましょう。

難易度
★★

ぼくのミックスジュース

五味　太郎　作詞
渋谷　　毅　作曲
SARAの会　編曲

♩=126
f
mf
D
A7
1.おはようさんの　おおごえと　キラキラキラの　おひさまと
2.ともだちなかよし　うたごえと　スカッとはれた　おおぞらと
3.あのねーそれでねの　おはなしと　ほんわかおふろの　いいきもちと
D　D7　G　D　A　D
それにゆうべの　こわいゆめ　みんなミキサーに　ぶちこんで
それにけんかの　べそっかき　みんなミキサーに　ぶちこんで
それにひざっこぞうの　すりきずを　みんなミキサーに　ぶちこんで

f
G
あさは ミックスジュース ミックスジュース
ひるは ミックスジュース ミックスジュース
よるは ミックスジュース ミックスジュース
D G G7 C Cm
ミックスジュース こいつをググッと のみほせば
ミックスジュース こいつをググッと のみほせば
ミックスジュース こいつをググッと のみほせば
D7 G
きょうはいいこと あるかもね
なんでもかんでも いいちょうし
あとはぐっすり ゆめのなか

保育で役立つ！一言アドバイス

画用紙にパスと絵の具でミックスジュースをつくってみましょう。どんな色になるかな。怖い夢，べそっかき，擦り傷もみんな入れてしまう。軽快なリズムで元気な歌です。

伴奏のポイント

ビート感を出すために，左手は正確な長さとしっかりとした音で弾きましょう。「♪てのひらを～ぼくのちしお」のところは少し流れるように変化をつけて，曲全体を構成しましょう。

難易度 ★★

てのひらをたいように

やなせ　たかし　作詞
いずみ　たく　作曲
伊東　慶樹　編曲

明るく元気に
E♭
1.ぼ く ら は み ん な
2.ぼ く ら は み ん な
Fm　B♭　E♭　B♭　E♭
い き て い る　い き て い る か ら　う た う ん だ
い き て い る　い き て い る か ら　わ ら う ん だ
Fm　B♭　E♭　B♭　E♭
ぼ く ら は み ん な　い き て い る　い き て い る か ら　か な しいん だ
ぼ く ら は み ん な　い き て い る　い き て い る か ら　う れ しいん だ

A♭ E♭ B♭ E♭ G7
て のひらを だいように すかしてみれば
Cm E♭ F B♭
まっかに ながれる ぼくのちしおー{みみず / とんぼ
E♭ B♭ B♭7 E♭ C
だって おけら だって あめんぼ だって}
だって かえる だって みつばち だって}
Fm E♭ B♭7 E♭ B♭7 E♭
みんなみんな いきているんだ ともだちなんだ

保育で役立つ！一言アドバイス

器楽合奏にも，歌にも，ステージ演奏としてもよく使われています。手話をつけて歌うこともできます。生命力のあふれる元気がいっぱいの応援歌です。

伴奏のポイント

アフタービートの曲なので，左右の音のバランスを考え，右手は軽くしましょう。次の音にタイでかかっていく8分音符は，強調して弾きましょう。

難易度 ★★

ホ！ホ！ホ！

伊藤　アキラ　作詞
越部　信義　作曲

楽しくはずんで
mf

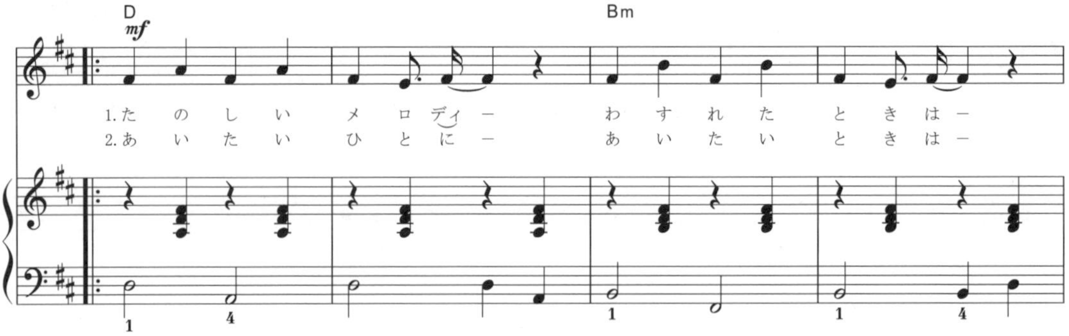
D
mf
Bm
1.たのしいメロディー　わすれたときはー
2.あいたいひとにー　あいたいときはー

Em
A7
D
よんでみようよー　あおぞらにー
よんでみようよー　そのなまえー

D
Bm
ホ ホ ホ ホ ユー レユー レユー レユー レ ホ ホ ホ ホ ユー レユー レユー レユー レ
Em
D
C♯
F♯m
A
か え ーっ て く る よ ー
あ のメ ロ ディー が ー
あ のほ ほ え み が ー
D
Bm
ホ ホ ホ ホ ユー レユー レユー レユー レ ホ ホ ホ ホ ユー レユー レユー レユー レ
Em
D
G
D
1.
2.
よ ん で み よ う よ ー あ お ぞ ら に ー ー
よ ん で み よ う よ ー そ の な ま え

保育で役立つ！一言アドバイス

二人組で呼びかけるように向かい合って，フォークダンスで歌いながら踊りましょう。「♪ホッホッホッ」と大きく動作をして呼びかけるように歌いましょう。

伴奏のポイント

スラー，スタッカートの組み合わせが曲の特徴的なパターンになっています。細かく弾き分けましょう。左手は音階練習にもなりますので，指越え，指くぐりがスムーズにできるまで練習しましょう。

難易度
★★

アンパンマンのマーチ

やなせ　たかし　作詞
三木　たかし　作曲
ＳＡＲＡの会　編曲

♩=144
G C A D G C
f
mf
そうだ　うれしいんだ　いきるよろこび　たとえ　むねのきずが

A D G
いたんでも

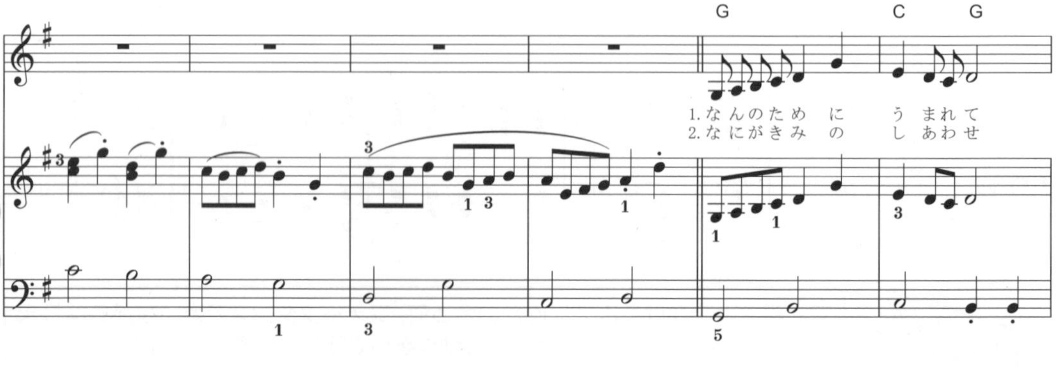
G C G
1. なんのために　うまれて
2. なにがきみの　しあわせ

Am G Am D G C G Am G D G
なにをして いきるのか こたえられ ない なんて そんなの は いやだ
なにをして よーろこぶ わからない ま まおわる そんなの は いやだ
A D B Em D
いまを いきる こと で あつい こころ も える だから きみは
わすれ ないで ゆめ を こぼさ ないで なみだ だから きみは
ときは はやく すぎる ひかる ほしは きえる だから きみは
G Am A D G C A
いくんだ ほほえんで そうだ うれしいんだ いきるよ
とぶんだ どこまでも そうだ おそれないで みんなの
いくんだ ほほえんで そうだ うれしいんだ いきるよ
D G C A D G
ろこび たとえ むねのきずが いたんでも
ために あいと ゆうきだけが ともだちさ
ろこび たとえ どんなてきが あいてでも
あ あ

C A D G C
アンパンマン やさしい きみは いけ みんなのゆめ
to Coda
A D G
まもるため
D.S.
Coda
G
め

保育で役立つ！一言アドバイス

いろいろなキャラクターが出てきます。自分の好きなキャラクターのかぶりものをつくりましょう。アンパンマンのマーチは，歌いだすと身体も自然に動きだすようです。マーチの休憩にはアンパンマンの手あそびも取り入れましょう。

伴奏のポイント

2段目2小節目の歌と右手のリズムを合わせるのが難しい曲です。1番の歌詞を例にすると"ワハア ハハア ハハア ハ"と唱えながら，"ア"のところに右手の16分音符を入れて，ゆっくり練習してみるのも一つの方法です。

難易度 ★★

おはなしゆびさん

香山 美子 作詞
湯山 昭 作曲

たのしくあそぶきもちで
♩=108~112

1. この ゆび パ パ ふ と っちょ パ パ
2. この ゆび マ マ や さ し い マ マ
3. この ゆび にいさん お お き い にいさん
4. この ゆび ねえさん お しゃれ な ねえさん
5. この ゆび あかちゃん よ ちよ ち あかちゃん
や あ や あ や あ や あ ワ ハ ハ ハ ハ ハ ハ
ま あ ま あ ま あ ま あ ホ ホ ホ ホ ホ ホ ホ
オ ス オ ス オ ス オ ス ヘ ヘ ヘ ヘ ヘ ヘ ヘ
ウ マ ウ マ ウ マ ウ マ ア ブ ブ ブ ブ ブ ブ
お ー はなし する

保育で役立つ！一言アドバイス

それぞれの指に指人形があると，表情も豊かになります。歌に合わせて指を動かしましょう。4小節目の笑い声は，手の動きも交えていろいろな笑いを楽しみましょう。

伴奏のポイント

前奏，後奏の，第４，３指の指広げと指くぐりが組み合わさった広範囲のアルペジオは，左右の指使いを協応させることによって，難しさを緩和しています。４音を１ユニットにして指の形と動きに慣れた後，それらを合わせる練習をしてみてください。

難易度
★★

はしるのだいすき

まど・みちお　作詞
佐藤　　真　　作曲

活発に
8va
mf
B♭　F7　B♭
1.はしるのだいすき　タッタタッタタ　つちをけって　くさをけって
2.はしるのだいすき　タッタタッタタ　あしもはしる　むねもはしる
E♭　B♭　F7　B♭
かぜをけって　タッタタッタタッタタッタ　おもしろい
かおもはしる　タッタタッタタッタタッタ　おもしろい
保育で役立つ！一言アドバイス
大きな紙の上でパスの運動会をしましょう。クレパスを持って紙の上に線を描いて走らせましょう。どんなかけっこの線があらわれるか楽しみです。「♪タッタ　タッタ」のリズムが気分を盛り上げてくれることでしょう。

column 9

ミュージカル＆オペレッタをつくろう！

歌以外に踊りやセリフ，お芝居などが含まれるオペレッタやミュージカルは市販の楽譜としても販売されていますが，自分たちでつくってみるともっと楽しくなります。友達と一緒にセリフや音楽，動きを考えて，ミュージカルやオペレッタをつくってみましょう。大まかな流れは次のようになります。

ミュージカル＆オペレッタ作成手順

①題材を決める→②台本の製作→③セリフ部分と音楽の部分をパート分けする→④作曲をする→⑤担当＆配役を決める→⑥衣装＆大道具＆小道具をつくる→⑦セリフの読み合わせ→⑧音楽練習→⑨立ち稽古（演出＆振り付け）→⑩通し稽古（全体を通してみる）→⑪ゲネプロ（リハーサル）→⑫さあ，本番！

1．題材を決める

一緒に出演する人の個性や人数など，登場人物などを考えて，「日本昔話」や「世界昔話」，もしくは「自作ストーリー」を作成し，ミュージカルやオペレッタにしてみましょう。昔話の本だけでは舞台でのセリフになりにくいので，お話をもとにしてステージで使える言葉を加筆してみることも一つの方法です。

2．台本の製作

まずは決まった題材をもとにして登場人物を考え，人数や演奏時間を考えながら台本を作成していきます。舞台上でのセリフだけでなく，場合によってはナレーター役もつくり，お話を分かりやすくしてあげましょう。

3．セリフ部分と音楽の部分をパート分けする

音楽にする部分，セリフにする部分，ピアノソロの部分，楽器の挿入や幕間や転換（場所が移動するときに大道具などの背景を交換すること）のためにナレーターを挿入する部分（観客を退屈させないように場をつなぐ役目をします）を，それぞれ作成します。また効果音などを導入すると，より劇が盛り上がります。

4．作曲をする

まずは，頭の中に浮かぶ簡単なメロディー（旋律）を楽譜に書いてみましょう。それに合わせて鍵盤《けんばん》をたたきながら，どんなコードが合うかを考えて伴奏をつけていきます。

アドバイス…はじめは，難しい伴奏より歌いやすい曲や伴奏を心がけましょう。

5．配役＆担当を決める

役決めだけでなく，舞台背景の作成や道具の出し入れ，ピアノ演奏や裏方の仕事など，たくさんの仕事をみんなで分担しなければなりません。予定どおりに進行できるように，早めの段階で決定し練習しておいてください。

6．衣装＆大道具小道具をつくる

衣装は，予算や製作日程に合わせて布でもカラーポリ袋でもよいでしょう。大道具の背景などは，段ボールなどにペンキや絵の具で色を塗り，小道具などは身近にあるものを利用しましょう。舞台の上では道具の取り扱いは慎重に行い，小道具で目を突いたり，ケガのないよう注意して進行させましょう。

7．セリフの読み合わせ

まず台本を持ちながら，みんなでセリフの読み合わせをしましょう。この作業を繰り返すことで徐々にセリフがこなれてきますし，お互いの芝居の間やその他に何をしないといけないかをみんなで確認することができます。

8．音楽練習

作曲した音楽をピアノに合わせて練習していきます。ほとんどの場面ではマイクが使えないので，大きな声でハッキリと歌えるようにしておきましょう。また，暗譜することを視野に入れて，この時点から早めに歌を覚えることを計画しておきましょう。

9．立ち稽古（演出＆振り付け）

それぞれが役の動きや登場人物の心情を考え，練習時に持ち寄り積み立てていきます。また，演出家にお芝居の流れを指導してもらったり，音楽の練習や踊りの振り付けなども，それぞれ得意な人がみんなの先頭に立ち指導していきます。

10．通し稽古（全体を通してみる）

通してみることでいろいろなことが見えてきます。全体の演奏時間やどこで何をしなければならないか？などを確認し，通し稽古の後はダメだし（みんなでうまく行かなかった所を言いあう）を行い，同じ失敗をしないようにします。

11．ゲネプロ（リハーサル）

本番どおりに演奏を行うことを，「ゲネプロ」もしくは「リハーサル」といいます。よっぽどのことがない限り演奏を止めないで行うことによって，その役の気持ちや息遣いが本番同様に感じられ，本番に活かすことができます。「本番はゲネプロの８割できれば成功」と思い，集中力を持って，今まで頑張って積み立ててきたもの全てを出し切るつもりでゲネプロにのぞみましょう！

12．さあ，本番！

「何が起こるかわからない」のが本番で，ときにはハプニングにも見舞われますが，それがライブの楽しみでもあります。全て計画どおり，予定どおりでない方がおもしろかった，なんてこともしばしば存在します。本番は，お客さんを意識しすぎると緊張してしまいますが，その分，見られているというよい緊張感と，客席からのパワーをもらえます。応援してくれている人たちの空気を感じることもでき，本番の空気は演奏者を助けてくれます。ゲネプロを活かして，より集中できるように頑張りましょう！（本番の神様がきっとあなたの近くに降りてきてくれますよ！）

コード表

本書に出てくるコードネームを集めました。基本形（根音が一番下にくる形）で記載していますが，調によって，コード進行のパターンによって，あるいは弾きやすさの点から，音の配置が変わることがあります。ただし，その場合でも，構成する音は変わることはありません。

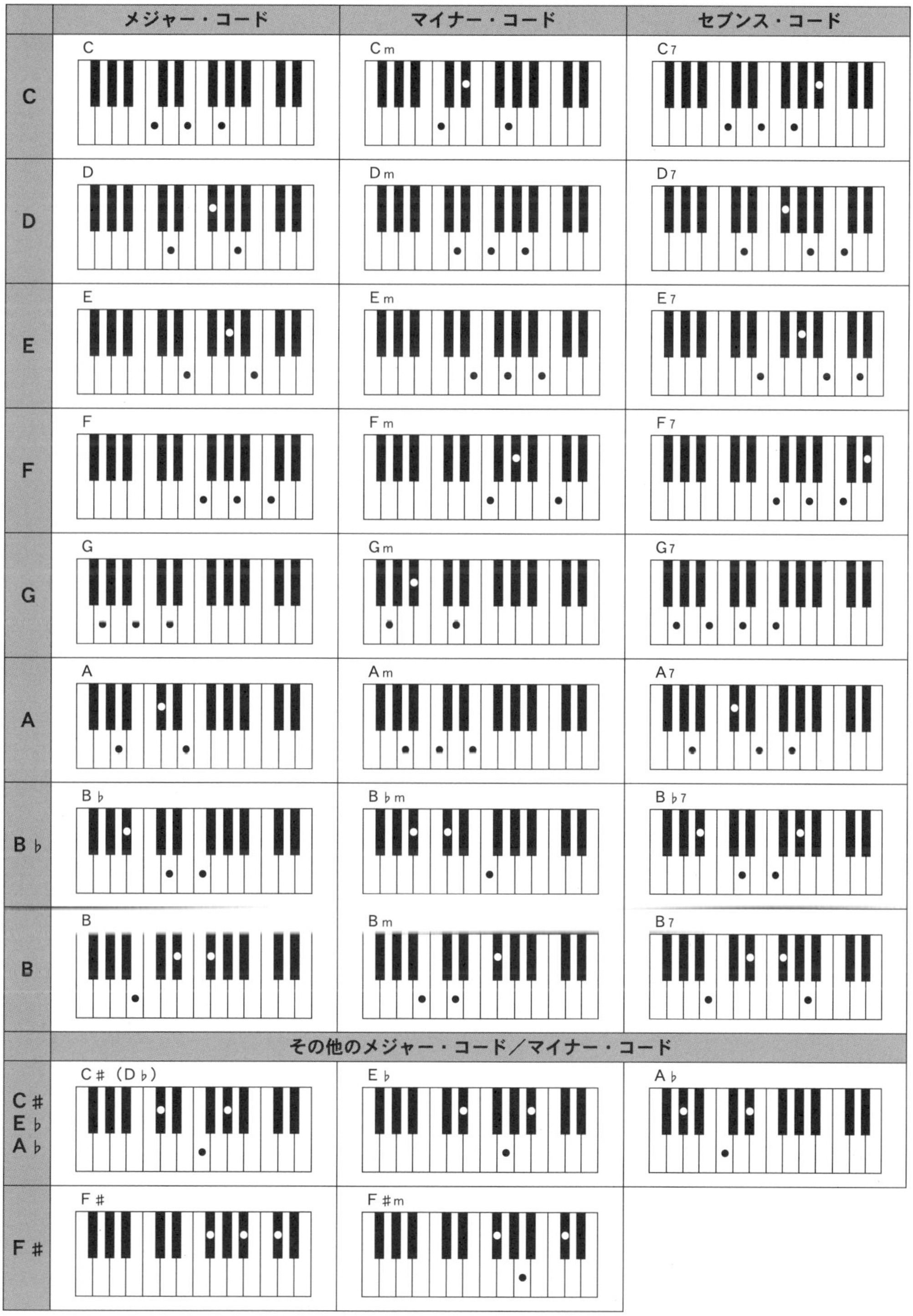
メジャー・コード
マイナー・コード
セブンス・コード
C
C
Cm
C7
D
D
Dm
D7
E
E
Em
E7
F
F
Fm
F7
G
G
Gm
G7
A
A
Am
A7
B♭
B♭
B♭m
B♭7
B
B
Bm
B7
その他のメジャー・コード／マイナー・コード
C♯
E♭
A♭
C♯（D♭）
E♭
A♭
F♯
F♯
F♯m

参考楽譜一覧

●日本童謡協会編『日本の童謡150選』音楽之友社

●日本童謡協会編『日本の童謡200選』音楽之友社

●中田喜直・小林純一編『現代こどものうた名曲全集』音楽之友社

●小林美実編『音楽リズム　幼児のうた楽譜集』東京書籍

●在原章子・柳田憲一・山内悠子共編『幼児の四季とみんなの歌』全音楽譜出版社

●小林美実編『こどものうた200』チャイルド本社

●小林美実編『続・こどものうた200』チャイルド本社

●五味太郎絵／新沢としひこ作詞／中川ひろたか作曲『絵本 SONGBOOK1』『同５』クレヨンハウス総合文化研究所

● NHK 出版編『NHK こどものうた楽譜集』NHK 出版

●デプロ編著『こどものうたベスト曲集』デプロ

●ケイ・エム・ピー編集部編『うたおう!! おかあさんといっしょ』kmp

●文化庁編『親子で歌いつごう日本の歌百選』東京書籍

●水戸博道・小山和彦・岩口摂子共著『ピアノが弾ける３つのステージ』東音企画

●大阪市立幼稚園教育研究会編『幼稚園歌曲集Ⅲ』

●ドレミ楽譜出版社編集部編『こどものうた大百科』ドレミ楽譜出版社

●保育音楽研究会編著『保育音楽のための幼児歌曲集』共同音楽出版社

●野ばら社編集部編『伴奏つき　こどものうた』野ばら社

●長田暁二編『世界抒情歌全集１』『同２』ドレミ楽譜出版社

●伊藤嘉子・木許隆監修・編著『うたのファンタジー』圭文社

●坂東貴余子編著『こどもの歌ベストテン』ドレミ楽譜出版社

●日本基督教団讃美歌委員会編『讃美歌・讃美歌第二編』日本基督教団出版局

執筆者一覧（執筆時）

■企画・編集・執筆（カッコは執筆箇所）

岩口　摂子　　相愛大学　教授（コラム7，伴奏のポイント）

高見　仁志　　畿央大学　准教授（コラム1・2・4・8）

■執筆（カッコは執筆箇所）

中尾美千子　　関西女子短期大学　准教授（保育の活動紹介，一言アドバイス）

油井　宏隆　　大阪城南短期大学　教授（コラム3・9）

加藤あや子　　大阪教育大学　准教授（コラム5・6）

■編曲

SARAの会（50音順）

今岡　淑子　　相愛大学　講師

岩口　摂子　　相愛大学　教授

大慈彌恵麻　　相愛大学　講師

大橋　邦康　　相愛大学　講師

加藤あや子　　大阪教育大学　准教授

田口　友子　　相愛大学　講師

山本　景子　　相愛大学　講師

横山由美子　　相愛大学　講師

■イラスト

喜多あゆみ　　湊川短期大学専攻科幼児教育専攻　学生

■編集協力

赤石　敏夫　　相愛大学　教授

白神　厚子　　岡山短期大学　教授

【編著者紹介】

岩口　摂子（いわぐち　せつこ）

相愛大学音楽学部器楽学科ピアノ専攻卒業。国際ロータリー財団奨学生として，インディアナ大学大学院に留学。関西フィルとの共演（大阪）のほか，ソロリサイタル（インディアナ），デュオリサイタル（オレゴン，シンガポール，大阪）等を開催。著書として，『ピアノが弾ける３つのステージ』（東音企画）のほか，「定着化した保育歌唱教材における歌詞の特徴について」（教育実践学研究第10巻第１号）や「日本と中国の幼児の歌における旋律比較」（応用教育心理学研究第27巻第１号）など論文も多数。宮城学院女子大学助教授を経て，現在，相愛大学教授。

高見　仁志（たかみ　ひとし）

博士（学校教育学）。学生時代からライブ活動を続ける。兵庫県の公立小学校教諭として18年間勤務の後，湊川短期大学を経て，現在，畿央大学教育学部准教授。鳴門教育大学大学院，兵庫教育大学，佛教大学，神戸女子大学でも音楽教育法を中心に教鞭をとる。すぐ使える指導法，教師時代の経験談，弾き語り等，心に残る手法で多くの講演を行っている。近著に『担任・新任の強い味方！これ１冊で子どももノリノリ　音楽授業のプロになれるアイデアブック』（明治図書出版）等がある。

「表現」がみるみる広がる！ 保育ソング90

――魔法の伴奏で保育力アップ――

2012年４月初版第１刷刊
2022年11月初版第７刷刊

発行者　藤原　久雄
発行所　明治図書出版株式会社
http://www.meijitosho.co.jp
（企画・校正）木村　悠
〒114-0023　東京都北区滝野川7-46-1
振替00160-5-151318　電話03(5907)6703
ご注文窓口　電話03(5907)6668

＊検印省略

組版所　広研印刷株式会社

Printed in Japan
JASRAC 出 1202346-207

ISBN978-4-18-018937-3